esotera

Taschenbücherei
im Verlag Hermann Bauer

Mit dieser Reihe macht der Verlag Hermann Bauer dem interessierten Leser bedeutende Werke aus Bereichen der Esoterik und Grenzwissenschaften zu ungewöhnlich günstigen Preisen zugänglich. Der Schwerpunkt bei der Auswahl für die *esotera-Taschenbücherei* liegt auf Titeln, die dem Leser auf leicht faßliche und umfassende Weise esoterisches Wissen vermitteln, das er auch in seinem Leben anwenden kann. Die Auswahl der Werke erfolgt in enger Zusammenarbeit mit der Redaktion der in Europa führenden grenzwissenschaftlichen Zeitschrift *esotera*.

Bisher sind erschienen:

Bernbaum: Der Weg nach Shambala
Brahmachari: Yoga hilft heilen
Brunton: Entdecke dich selbst
Brunton: Karma – Kette von Ursache und Wirkung
Brunton: Die Weisheit des Überselbst
Chögyam: Der fünffarbige Regenbogen
Dalichow (Hrsg.): Beziehung statt Erziehung
Desjardins: In Liebe gemeinsam wachsen
Easwaran: Mantram – Hilfe durch die Kraft des Wortes
Findley: Beweise für ein Leben nach dem Tod
Fortune: Die mystische Kabbala
Gauquelin: Planetare Einflüsse auf Persönlichkeit und Lebensweg
Geisler (Hrsg.): New Age – Zeugnisse der Zeitenwende
Geisler (Hrsg.): Paramedizin – Andere Wege des Heilens
Halpern: Klang als heilende Kraft
Haraldson: Sai Baba – ein modernes Wunder
Ingrisch: Die Kapelle der Gefahren
Johanson: Zuerst heile den Geist
Kardec: Das Buch der Geister
Kardec: Das Buch der Medien
Kieffer (Hrsg.): Gopi Krisha – Kundalini im New Age
Leuenberg: Das ist Esoterik
Lu K'uan Yü: Geheimnisse der chinesischen Meditation
Lütge: Carlos Castaneda und die Lehren des Don Juan
Mertz: Die Esoterik in der Astrologie
Mori: Die Buddha-Natur im Roboter
Osis/Haralson: Der Tod – ein neuer Anfang
Peick: Wiedergeburt – Eine Reise in frühere Erdenleben
Prantl: Licht aus der Herzmitte
Radha: Aufs Herz vertrauen
Ramm-Bonwitt: Yoga-Nidra – Der Schlaf der Yogis
Reifler: Das I-Ging-Orakel
Schäfer: Stimmen aus einer anderen Welt
Schorsch: Die große Vernetzung – Wege zu einer ökologischen Philosophie
Sharon: Magier der vier Winde
Sterneder: Der Sonnenbruder
Sterneder: Tierkreisgeheimnis und Menschenleben
Sterneder: Der Wunderapostel
Sulami: Der Sufi-Weg zur Vollkommenheit
Swann: Der sechste Sinn
Thakkur: Ayurveda – die indische Heil- und Lebenskunst
Vivekananda: Jnana-Yoga
Vivekananda: Raja-Yoga
Weinfurter: Der Königsweg
Wirth: Lexikon der Lebensweisheit

Lotte Ingrisch

Nächtebuch

Verlag Hermann Bauer
Freiburg im Breisgau

CIP-Titelaufnahme der Deutschen Bibliothek

Ingrisch, Lotte:
Nächtebuch / Lotte Ingrisch. - 2. Aufl. -
Freiburg im Breisgau : Bauer, 1989
(esotera-Taschenbücherei)
ISBN 3-7626-0625-0

Die *esotera-Taschenbücherei* erscheint im
Verlag Hermann Bauer KG, Freiburg im Breisgau.

2. Auflage 1989

Satz: Typobauer Filmsatz GmbH, Scharnhausen.
Druck und Bindung: Ebner Ulm.
Printed in Germany.

ISBN 3-7626-0625-0

Der Baum der Liebe

Bald werde ich sterben. Das ist erfreulich, besonders für mich. Denn ich bin noch immer neugierig wie ein Kind. Natürlich habe ich nicht gewartet, bis ich tot bin, um über die Zäune meines Lebens zu steigen. Was ich dabei entdeckte, erzähle ich nun.

Geheimnisse kann man hüten und teilen. Wer sie hütet, gewinnt vielleicht Macht. Sie zu teilen, ist aber der Weg der Liebe. Ich schreibe Ihnen ein Abschiedsbuch. Der Frost kommt, und der Baum wirft seine letzten Früchte ab. Essen Sie mich!

Wir verwandeln uns dann ineinander. Unablässig verwandeln wir uns ja in alles, was uns begegnet, was uns durchströmt. In Lebendiges und in Totes. In Zukünftiges. Und in Vergangenes. Wie im Märchen. Und die Hexe, der Zauberer sind wir selbst. Haben Sie keine Angst! Es ist ganz natürlich, sich zu verwandeln. Und es ist schön. So schön wie die Liebe. Oder ist beides das gleiche?

Wer haßt, verwandelt sich nicht. Wird ein Fluß, der nicht mehr fließt. Eine zu Stein erstarrte Wolke. Ein Gefangener im eigenen Haus.

Ich möchte das Fließen sein. Das Ziehen am Himmel. Das Öffnen der Tür. Aber wer bin ich? Ein Schatten, der träumt. Wie Sie. Wer wirft den Schatten? Ich weiß es nicht. Wir wollen gehen, zwei Schatten, und *Den* suchen, der uns wirft. Oder *Die*. Oder *Das*.

Aber noch habe ich mich nicht vorgestellt…

Vorstellung des Schattens

Ich bin, wie Sie selbst, leuchtende Energie. Unsere Wahrnehmung, Ihre wie meine, ist ein Prozeß der Verdunkelung. Wenn ich also nicht leuchte, heiße ich Lotte Ingrisch, bin 1,64 m hoch, 52 Kilo schwer und werde bei meinem Tod 57 Jahre lang sein. Mein Haar war rot und wird weiß. Wohin ich auch kam, stellten die Leute fest: »Sie sind nicht von hier.« Ich bin eine Keltin mit böhmischer Nase, geboren in Wien. Mit wechselndem Erfolg übe ich den Beruf einer Schriftstellerin und Dramatikerin aus. Ich habe zweimal geheiratet, mit neunzehn den Philosophen Hugo Ingrisch, und mit fünfunddreißig den Komponisten Gottfried von Einem. Mit ihm und mehreren Katzen lebe ich im niederösterreichischen Teil des Böhmerwaldes, und nirgendwo sonst ist er so schwarz. Eine spröde, einsame Hügellandschaft. Mohn und Granit. Wackelsteine, Schalensteine, Opfersteine. Letzte Spur der Druiden. Und wie leicht versinkt man im Moor, verirrt sich im Nebel, wird vom Schnee zugeweht! Hier begann ich 1973 ein Nächtebuch zu schreiben, das ich nun in Ihre Hände lege. Ich möchte, daß Sie das Haus kennen, in dem alles geschah.

Mein liebes Haus

Mein Haus steht unter Birken,
Der Kupfermond schläft auf dem Dach.
Von Stund zu Stunde leiser rauscht der Bach.
Grasmücken flöten die Sonne wach,
Den Tag mit Gold zu durchwirken.

Neun kleine Katzen gingen

Im Waldwiesenhaus aus und ein.
Ich trank mit Freunden unterm Kirschbaum Wein,
Lachte und küßte im Sternenschein
Und brachte Rosen zum Klingen.

Mein Haus steht auf der Wiese,
Auf die ich mein Herz hab gesät.
Die Blumen sind verblüht, es ist schon spät.
Weint nicht um mich, wenn der Schnitter mäht
Mein Herz im Paradiese.

Maus unterwegs

»Du bist«, sagte Hyemeyohsts Storm, der Indianer, zu mir, »eine Maus. Aber auf dem Weg, ein Adler zu werden!«

Sind wir das, mehr oder weniger, nicht alle? Und das Loch, in das wir schlüpfen, ist die vertraute, gewöhnliche Welt. Mäuse haben Angst, sie zu verlassen. Sie ist jener Zustand, der uns durch endlos scheinende Wiederholung geläufig wurde, und diese Geläufigkeit macht uns sicher. Aber es gibt so viele Welten, so viele Zustände! Ich glaube, wir sollen sie alle entdecken.

Schmerz ist noch immer die große Droge, die uns Flügel wachsen läßt. Die Kraft, die uns so lange zusammenpreßt, bis wir uns ausdehnen. Und so war es in meinem dreißigsten Jahr der Tod eines Freundes, der das Spektrum meiner Wahrnehmung drastisch veränderte.

Ich saß allein in der Dunkelheit auf meinem Bett, als die Welt wie Feuer und Licht aus mir brach. Sie flammte aus allen Poren, und sogleich wieder verschlang sie mein Leib. Das wiederholte sich in einem beständigen und so blitzschnellen Wechsel, daß es beinahe gleichzeitig und jeder der beiden Prozesse ein Kontinuum war. Ich empfand weder Staunen noch Furcht. Die Erfahrung erschien mir so natürlich wie mein eigener Atem. Ich atmete meine Welt aus, und ich atmete meine Welt ein.

Wir waren ebenso wenig voneinander getrennt wie, das weiß ich seither, Leben und Tod. Immer existieren wir in beiden Zuständen zugleich, und in wievielen noch?

Aber ein Zustand, der offenbar zwischen beiden lag, wurde seit jenem Abend zum dreizehn Jahre währenden Albtraum für mich. Wenn ich einschlief, erwachte ich häufig ohne mich selbst.

Ich war dann bei Bewußtsein und völlig orientiert über Zeit, Ort und Umstände, in denen ich mich befand. Zugleich aber war ich von mir selbst oder meinem Körper getrennt, unfähig, ihn zu fühlen oder gar zu bewegen. Das konnte Sekunden oder auch Stunden dauern. Ich sah, aber meine Augen blieben geschlossen. Ich streckte meine Hände aus, aber es waren nicht meine Hände, sondern zwei leuchtende Schatten. Manchmal ertappte ich mich dabei, wie ich ohne Stimme meinen eigenen Namen rief. Als wollte ich mich zurückrufen, als wäre ich außer mir und weit fort. Nicht nur beim ersten Mal dachte ich, das wäre der Tod. Einmal erhob ich mich, obwohl mein Körper steif und starr im Bett lag, und machte die Augen, die nicht meine Augen waren, auf. Dicht neben mir sah ich ein großes, weißes, gitterartiges Wesen. Vielleicht ein Tier. Aber keines, das ich kenne. Die Materie war dünn, mit Zwischenräumen von Leere. In panischer Angst rief ich drei Tote um Hilfe an, zuletzt meinen Vater, und im gleichen Augenblick erlangte ich die Herrschaft über meinen erstarrten, wie toten Körper zurück. Alles andere versank in Unwirklichkeit. Versank es wirklich?

Irgendwann träumte mir, ich ritte auf der Luft durch den Dschungel. Es war Tag, und die Farben funkelten. So dicht unter mir, daß ich ihn fast berührte, lief ein Leopard.

Ein paar Tage später kam ich mitten in der Nacht ins Schlafzimmer meines Mannes. Er hörte, so erzählte er mir am nächsten Morgen, meine Schritte, die Tür ging auf, und dann haben die Schritte sich wieder entfernt. Gesehen hat er mich nicht, und ich lag auch in meinem Bett, am anderen Ende unserer damaligen Wiener Wohnung in der Marokkanergasse, und verließ es während der ganzen Nacht nicht. Nur, ich hatte mir wirklich beim Einschlafen vorgenommen, ihn zu besuchen, sollte ich wieder ohne mich selber erwachen.

Es scheint, daß nicht nur die Toten als Gespenster umgehen können. Sondern die Lebenden auch. Oder vielleicht sind wir alle Gespenster, Geister aus Fleisch und Blut. Was wissen wir schon von uns selbst? Es ist, als hätte jeder von uns ein großes schönes Haus, und er ist noch nicht einmal durchgegangen. Wir wohnen, wir leben in unserem eigenen Vorzimmer. Dabei müssen wir nur die nächste Tür aufmachen und weitergehen. Aber wer glaubt, daß da eine Tür ist?

Glaube ist ein Schlüssel zur Wirklichkeit. Fast immer halten wir die Grenzen unserer Bildung und unserer Phantasie für die Grenzen des Universums. Und wenn wir wenig wissen und auch nicht viel Phantasie haben, ist die Welt, in der wir leben, sehr klein. Doch mit jedem Vorurteil, das wir überwinden, wird sie ein wenig größer. Und schöner.

Ganz gewiß ist es ein Vorurteil, den Menschen für die Krone der Schöpfung zu halten. Dieser vielleicht, aber dann gibt es unendlich viele! Sie können ein Prozeß aus Prozessen sein und in alle Ewigkeit stattfinden. Aber vielleicht sind auch Schöpfungen sterblich. Gehen, wie alles Begrenzte, unter und wieder auf. Wie die Pflanzen, die Tiere, die Sterne. Und wie der Mensch.

So müssen wir keine Angst vor dem Tod haben, denn gestorben sind wir schon oft. Und auch keine Angst vor dem Alter. Je schneller wir alt werden, um so früher werden wir wieder jung! Die Welt ist ein großes Theater, und wir sind Komödianten, die einander in immer neuen Rollen, neuen Spielen, neuen Leben wieder begegnen.

Im Traum stand ich eines Nachts vor dem Spiegel. Blondes Haar fiel wie ein Vorhang über mein Gesicht. Nach einigem Zögern warf ich es zurück und sah ein Mädchen im Gewand der Renaissance. Ein fremdes Mädchen mit unnatürlich hoher und gewölbter Stirn. Ich erkannte mich, und ich erkannte mich nicht.

Individuum, Raum, Zeit, Leben, Tod… Lauter Vorurteile! Wir reden später darüber. Glauben Sie mir vorläufig, daß der Tod nur ein anderer Zustand des Lebens ist, und umgekehrt. Daß eine Kommunikation zwischen beiden Zuständen möglich ist. Und daß sie, unserem Bewußtsein weitgehend entzogen, ununterbrochen stattfindet.

Wenn Menschen, die ich liebhabe, sterben, erscheinen sie mir oft im Traum und nehmen Abschied von mir. Oder ich weiß, wachend, daß ich sie zum letzten Mal sehe. Sogar Zukunft, die mich überhaupt nichts angeht, dringt in meine Gegenwart ein. Ich denke einen scheinbar sinnlosen Satz, und im nächsten Moment kommt ein Fremder daher und spricht ihn aus. Namen und Geschichten formulieren sich in meinem Kopf. Und wortwörtlich lese ich sie gleich darauf in einem neuen Buch. Ich friere zwei Tage, bevor es kalt wird, und zwei Tage, ehe das Thermometer in die Höhe klettert, ist mir schon warm. Zeitlebens gehen alle meine Uhren vor, und kein Uhrmacher findet den Fehler. Vielleicht gehe ich selbst vor. Aber wenn Zukunft bereits in der Gegenwart existiert – welche Schlüsse müssen wir daraus ziehen? Diese Frage beschäftigt mich seit meiner Jugend. Eine zur Landschaft gefrorene Zeit steht still, und wir selbst bewegen uns von Ereignis zu Ereignis. Von Leben zu Leben. Simultane Zustände, von denen wir nur durch die Schwingungen unseres Bewußtseins getrennt sind.

Meine Welt hatte, wie meine Person, nie feste Grenzen. Keine Welt hat sie, und keine Person. Wir ziehen sie künstlich, um die Illusion unserer Identität zu bewahren. Und schließen die grenzenlose, wundervolle Wirklichkeit aus. Vielleicht sollten wir, statt der Zeitung, wieder Märchen lesen. Es gibt keine Lektüre, bei der wir mehr über die Wirklichkeit erfahren, und über uns selbst. Märchen sind die Sprache der Seele. Oder, wenn Sie so wollen, des Unbewußten. Wenn wir diese Sprache verlernen, sind wir uns selbst und der Welt entfremdet. Wir können uns nicht mehr verstehen, und wir können uns nicht mehr verständigen.

Nun gibt es im Märchen immer wieder einen geheimnisvollen Fall, einen Sturz in den Brunnen, in den Abgrund, in eine andere Welt. Oder, wie bei den vertrauten Heiligen und fremden Schamanen, den Aufstieg, den Flug, die himmlische Reise. Noch hing ich am Abgrund, am Rande des Brunnens. Und alles, was ich vermochte, war ganz leise zu stöhnen. Einmal erwachte ich und erblickte eine Gestalt, ganz aus Gold, über mir. Sie trug eine Maske, und ein Löwe war neben ihr. Ich empfand keine Angst, als sie auf mich fiel wie ein Schwert. Sie drang in mich ein und verschwand einfach in meinem Körper. Heute weiß ich, daß sie mein eigener, leuchtender, aus der Anderswelt in mich zurückkehrender Doppelgänger war.

Denn eines Tages ging ich wie im Traum in ein Wiener Antiquariat. Nahm, ohne einen Blick darauf zu werfen, ein Buch aus den Regalen und bezahlte es. Daheim angekommen, schlug ich es zum ersten Mal auf. Es war »Der Zauber-Stab« von Andrew Jackson Davis. Name und Titel waren mir fremd. Aber in diesem alten Buch, der Autobiographie eines amerikanischen Sehers aus der Mitte des letzten Jahrhunderts, fand ich die Erlösung von allen Rätseln. Keine geheimnisvolle Krankheit! Nur eine vagabundierende Seele.

Bald darauf begann ich, ein Nächtebuch zu führen, in das ich alle übersinnlichen Abenteuer hastig und kunstlos eintrug. Für viele von ihnen habe ich einen skeptischen, glaubwürdigen Zeugen: den Komponisten Gottfried von Einem, meinen Mann. Später bin ich dann sein Zeuge geworden, und seine Erfahrungen waren viel größer als meine eigenen. Schön und erschreckend. Auch sie schrieb ich auf. Nicht als Literatin, sondern als Stenograph anderer Wirklichkeiten.

Ich möchte meinen achtlosen Stil, unter dem Sie vielleicht leiden werden, nicht korrigieren. Ich würde mir sonst wie eine Fälscherin vorkommen. Denn der häufige Wettlauf mit der Zeit, der Wettlauf mit dem sich gegen alles Ungewohnte sträubenden Gedächtnis gehört ebenso zu diesen Berichten wie ihr privater, also unprofessioneller und unliterarischer Charakter.

Das Präludium zu diesem Nächtebuch habe ich, da ich seine Bedeutung damals überhaupt nicht erfaßte, nicht notiert. Jeden Morgen beim Frühstück beschuldigte mich mein Mann, nachts mit meinen Möbeln zu werfen. Ich dachte, er wäre verrückt geworden. Er dachte dasselbe von mir. Unsere Zimmer lagen übereinander, meins über dem seinen, und ich schlief wie ein Zinnsoldat.

Aber was wissen wir schon von Zinnsoldaten, und was weiß der Zinnsoldat von sich selbst?

Ich bin ein Poltergeist!

1973

Rindlberg, 18. Oktober, 0.50–1.30

Ich bin zweimal aus meinem Körper emporgetragen worden. Als ich die Starre fühlte, nahm ich mir, statt gegen sie anzukämpfen, vor, aufzuschweben. Kurz darauf begann ich zu vibrieren, es war, als ginge ein starker, aber als Glücksgefühl – überwältigend und mit nichts zu vergleichen! – empfundener Strom durch mich hindurch, und ich erhob mich horizontal über mich selbst. Gleichzeitig hörte ich Schritte und ein heftiges Geräusch in meinem Zimmer. Ein Knarren oder Klopfen. Ich beschwichtigte meine Furcht, indem ich mir sagte, daß ich selbst offenbar diese Geräusche und Schritte verursache. Nach einiger Zeit wurden meine Beine oder vielmehr die meines Astralkörpers nach unten gezogen und ich ging in eine senkrechte Stellung über, noch immer im Zustand dieses Empfindens von Glück. Irgend etwas unterbrach diesen Zustand, vielleicht meine Angst vor den Schritten und Geräuschen, und ich war enttäuscht von mir selbst. Aber gleich darauf erhob ich mich abermals horizontal in die Luft, sehr hoch, wie mir schien, und ging dann – der Lärm wurde immer heftiger – in die Vertikale über. Ich wußte, ich könnte nun überall hingehen, und ich dachte, ich möchte zum Bärenfräulein (= Gottfried) gehen, aber ohne ihn zu erschrekken. Ich dachte auch, daß er sich in dem Zimmer direkt unter mir befindet. Dann erblickte ich mein eigenes Gesicht, blaß und von Haaren umrahmt, hoch über mir – bisher hatte ich immer nur meine Augen und die Partien um sie herum gesehen. Nach einer Weile, in welcher ich keine Bewegung meiner selbst wahrnahm, erblickte ich anstelle meines eigenen Gesichts das von Gottfried, gleichfalls wie aus Elfenbein und mit Bart und Haaren, über mir. Meine Augen und später die seinen waren geöffnet und sahen mich an. Gleich darauf befand ich mich wieder in mir selbst und schaute, nachdem ich Licht gemacht hatte, auf die Uhr. Es war 1.30 Uhr nachts, eine halbe Stunde etwa war während der beiden astralen Loslösungen von mir selbst vergangen. Ich war 30 Minuten lang, obwohl zu Bewegungen fähig, so erschöpft und betäubt, daß ich regungslos liegen blieb. Am Morgen erzählte mir Gottfried, er hätte zwischen 1 und 2 Uhr nachts ein starkes, glänzendes Licht vor dem Fenster seines Schlafzimmers gesehen, wie Sonne oder ein Autoscheinwerfer. Er schlief wieder ein, und als er das nächste Mal erwachte, war kein Licht mehr da.

Rindlberg, 22. Oktober

Heute nacht ging ich wieder um. Stürme und Hagelschauer in der Nacht. Ich las über die Schwierigkeit, im Astralzustand Materie zu bewegen, ohne daß dieser Aspekt mich sonderlich interessierte. Nach drei Uhr früh erwachte ich im Zustand der Starre, ohne darüber erschrocken zu sein. Ich bereitete mich auf das Emporschweben vor und prägte mir drei Dinge ein: Ich wollte mich selbst schlafend im Bett sehen, ich wollte Gottfried besuchen und dann die beiden Schafe Nelly und Gülnare im Stall, um festzustellen, ob sie auf meine Anwesenheit reagierten.

Ich sah mich selbst im Bett, aber ich war ein jüngerer Mann mit kurzen, braunen, lockigen Haaren und braunen Augen. Ein Körper, der mir völlig fremd zu sein schien. Und ich dachte immer wieder voller Verwunderung, wieso bin das ich? Hab ich mich selbst in einer anderen Verkörperung erblickt?

Ich war auch bei Gottfried, und er hatte noch Licht, oder zumindest erinnere ich mich an eine Helligkeit. Und auch daran, daß er mich erkannte.

Nelly und Gülnare reagierten auf mich, sie sahen mich, hoch aufgerichtet, aufmerksam an.

Gottfried sagte mir am Morgen, ich hätte ein wenig gespukt. Er sah wieder das Licht und hat Schritte gehört. Mehr wollte er nicht erzählen. (3.15 Uhr)

Ich erwachte nach meiner Exkursion um 4.45 Uhr früh im Körper, da wußte ich noch alle Episoden und Details, war aber zu erschöpft, um sie zu notieren. Ich habe, so fürchte ich, einiges vergessen.

Etwas war seltsam: als ich morgens das Haus verließ, um die Milch zu holen, war ein großer Holzprügel, der sonst immer neben der Hauswand liegt, so vor die Türe gestemmt, daß er – als ich sie von innen öffnete – mit großem Gepolter umfiel. Hab ich ihn selbst nachts (Bewegung von Materie) dahin getan? Denn das Haus liegt einsam, und wer sonst sollte nachts bei Regen, Kälte und Sturm kommen, um etwas so Sinnloses zu tun?

Anschließend ließ ich die Schafe aus dem Stall. Nelly, die scheuere, schien sich plötzlich vor mir zu fürchten.

Rindlberg, 3. Dezember

Jetzt war lange Zeit nichts. Nur in der Nacht nach Berlin sah ich nachts fahle Gesichter um mein Bett und, aus den unteren Augenwinkeln, einen Schein oder ein Licht, das von mir selbst ausging. Ich glaube, ich hatte eine Exkursion und besuchte Blachers Haus in Berlin, was ich aber nicht nachprüfte.

Noch etwas war! Als ich in Berlin einen kleinen Streit mit Gottfried hatte, ging ich zornig auf mein Zimmer und legte mich aufs Bett. Bald darauf erblickte ich Gottfried in einer Ecke meines Zimmers, gleichzeitig wissend, daß er in seinem eigenen Zimmer einen Stock tiefer war. Ich stand auf und ging zu ihm. Er empfing mich mit den Worten, er hätte die ganze Zeit intensiv an mich gedacht.

In den letzten Wochen aber fürchtete ich bereits, meine astralen Fähigkeiten verloren zu haben. Es war Neumond. Als der Mond wieder als schmale Sichel am Himmel stand und zunahm, bemächtigte sich meiner eine jener seltsamen Erregungen, die ich als Begleiterscheinungen des Mondes schon kenne.

Und heute nacht, ohne daß ich derartiges vorhatte, fühlte ich nach 2.30 Uhr wieder die schreckliche Starre und kämpfte gegen sie an, bis ich mich an ihre Bedeutung erinnerte. Ich überließ mich ihr sofort, und gleich darauf ertönten zwei laute Schläge wie von einem Gong oder Hammer in meinem Zimmer, während ich aus mir herausgetragen wurde. Ich sah tanzende Lichter und spürte eine ungeheure Steigerung der Vibrationen, verbunden mit dem mir schon vertrauten Glücksgefühl. Das ganze Zimmer schien zu toben.

Ich wurde dreimal aus mir gehoben. Einmal stand ich vor Gottfrieds Fenster. Dann flog ich durch die Nacht, in meiner Verwirrung bewegte ich meine Arme wie ein Fisch oder Vogel, zu Arnold und Willy nach Wien.

Ich erwachte nach 6 Uhr früh, zwischendurch hatte ich immer wieder das Bewußtsein verloren.

Gottfried fragte mich am Morgen, warum ich nach 2.30 Uhr so einen entsetzlichen Krach im ganzen Haus gemacht habe. Er hat auch wieder das Licht vor seinem Fenster gesehen.

Ich bin ein Poltergeist!

Dann rief ich Willy in Wien an. Sie hat mich nicht gesehen. Schade!

Rindlberg, 6. Dezember

In der letzten Nacht sah ich, wie fast immer, ein Auge, das manchmal groß wie ein Kopf war und von dem Explosionen von Licht ausgingen. Aber auch andere Lichter, blau, rot und grün. Und unendlich viele Gesichter, durchscheinend, oft nur halb materialisiert. Ich hatte Angst. Auch Gitterwesen, weiße, kamen. Und mein Fenster, der ganze Raum schien zu pulsieren. Dehnte sich aus, wuchs, schrumpfte wieder zusammen. Verbunden war dies alles mit ziemlichen Herzkrisen. Und Schlaflosigkeit.

Rindlberg, 30. Dezember

Heute früh zwischen 7.30 Uhr und 8 Uhr hatte ich zwei Exkursionen, vielleicht waren es mehr. Ich erwachte halb in der kataleptischen Starre, dann stieg ich auf. Ich schwebte durch den Plafond hindurch. Dann wollte ich noch Gottfried, um den ich in Sorge war, sehen. Ich bewegte mich parallel zur Hauswand hinunter und durch das geschlossene Fenster – nein, jetzt erinnere ich mich: ich nahm die Treppe! Ging also normal in sein

Zimmer. Es war von einem matten Licht erleuchtet. Drei Gottfriede befanden sich im Schlafzimmer! Einer lag im Bett, einer stand in einer Ecke, einer lag auf dem Boden. (Gottfried war diese Nacht stark berauscht, daher meine Sorge.) Ich ging zu dem auf dem Boden liegenden, küßte ihn auf den Mund und kehrte in mich zurück. Ein Blick auf die Uhr – zehn Minuten waren vergangen. Knapp darauf erfolgte die zweite Exkursion. Ich lag starr auf der linken Seite, rollte mich aus mir heraus und stieg diesmal nicht auf, sondern sank durch den Fußboden, immer tiefer, so als hätte die Wirklichkeit viele Stockwerke. Ich hatte surreale Erlebnisse. Mit rasender Geschwindigkeit zog es mich in einen Strudel bizarrer Farben und Formen hinein; ich hörte, wie ich den Atem anhielt und mehrmals aufschrie. Auch das weiße Gitterwesen war wieder da. Ich glaube, ich kehrte mehrmals für einen Moment in mich zurück, um mich sofort wieder vibrierend zu verlassen. Einmal ging ich durch das geschlossene Fenster ins Freie und flog. Allerdings war der Himmel golden und blau, und als ich nach meiner Rückkehr zehn Minuten später nachschaute, war er grau. Waren meine Ausflüge diesmal mit Träumen vermischt? Es schien mir auch, als wäre ich von fremden Wesen umgeben. Ich empfand zuletzt Angst und kehrte mit großer Anstrengung – glaubte bereits zu sterben – in mich selbst zurück. Große, schreckliche Betäubung.

* * *

Der kleine Leichnam

Der kleine Leichnam ist also auferstanden. Vom Leben oder vom Tod? Aber vielleicht sind beide Zustände nicht so eindeutig wie wir glauben. Vielleicht gibt es unendlich viele Zustände, und in jedem von ihnen sind alle andern enthalten! Daß wir nur zwei kennen, liegt an unserer Definition von Leben und Tod. Sie ist willkürlich, sie ist falsch und sie manipuliert unsere Wahrnehmung der Welt.

Unser Sein geht in alle Richtungen über Tod und Leben hinaus! Betrachten Sie beide wie Sonne und Mond in einem Himmel, der von sichtbaren und unsichtbaren Sternen erfüllt ist. Gaswirbel, schwarze und weiße Zwerge, rote Riesen, Novae, Supernovae, Quasare... Namen, Begriffe, eine künstliche Ordnung. Sterne sind, wie wir selbst, kosmische Prozesse, ineinander verflochten wie himmlisches Haar. Und ineinander verflochten ist alles. Menschen und Milchstraßen, Vergangenheit, Zukunft, Leben und Tod: das Gewebe der Welt. Ein Gewebe aus Erscheinungen, die sich fortwährend ineinander verwandeln, schrecklich und wundervoll. Befreit die Erkenntnis uns nicht von so armseligen Kriterien wie Stoffwechsel, Wachstum, Fortpflanzung? Wir pflanzen uns fort wie das Licht, wachsen wie Liebe, wechseln den Stoff unserer Träume: die Gestalt.

Warum sollten Leben und Tod Gegensätze sein, die einander ausschließen? Sie sind benachbarte Zustände. Zwei aufeinander folgende Phasen in einer vielleicht unendlichen Reihe. Es scheint so, daß wir nur diese beiden erfahren. Aber lassen wir das Pendel unserer Wahrnehmung weiter ausschwingen! Weiter und immer weiter nach allen Seiten...

Der Engel der Angst

Angst hemmt das Pendel. Begrenzt unsere Wahrnehmung, unsere Welt. Angst sorgt dafür, daß ein System – Individuum, Menschheit, Welt – identisch bleibt mit sich selbst. Angst ist immer Angst vor Veränderung.

Unterdrücken wir sie, erhebt sie sich doppelt. Vertreiben wir sie, kehrt sie dreifach zurück. Versuchen wir, sie zu unserer Freundin zu machen! Wir können ihr wie einem Schutzengel vertrauen. Erdulden wir sie nicht stumm! Bitten wir sie, uns ihre vielen Gesichter zu zeigen, die alle unsere eigenen sind. Danken wir ihr, daß sie uns festhält über dem Abgrund. Erzählen wir ihr von den Flügeln, die uns wachsen. Lieben wir sie, und sie wird uns segnen!

Wir müssen reif werden wie Äpfel, um vom Baum unseres Universums zu fallen. Unser Wesen wandeln, um eine verwandelte Wirklichkeit zu betreten.

Angst ist der Hüter der Schwelle.

Ratte und Bärenfräulein

Vor vielen Jahren fuhr ich mit meinem Mann Gottfried rund um den Ätna, und da passierte es. Er verliebte sich in den Vulkan. »Brüderchen«, rief er und winkte. »Mein Brüderchen!« Und dann, strahlend, zu mir: »Ich bin ein feuerspeiender Hermelinbär!«

So ist es. Zwei Brüder mit Schneemützen, der Berg und der Mann. Und inwendig pures Feuer. Niemand weiß, wann sie ausbrechen werden. Natürlich verwüsten sie, Riesen beide, ihre Umgebung. Aber wie sie sie befruchten, wie sie sie krönen!

Warum sage ich »Bärenfräulein« zu einem Vulkan? Aber warum, schließlich, sagt er »Ratte« zu mir. Ich fühle mich dem Einhorn verwandt. Jedenfalls, die geflügelte Ratte besuchte in ihrer ersten Freinacht Fräulein Bär – und wurde prompt von ihm erblickt. Allerdings hielt er sie für die Sonne. Oder einen Autoscheinwerfer. Der Autoscheinwerfer war mir so peinlich, daß ich zuerst »helle Laterne« in mein magisches Tagebuch schrieb. Erst jetzt, der Wahrheit verpflichtet, besserte ich es aus. Wie eitel man ist, selbst noch als Gespenst!

Ein Jahr zuvor hatten wir Wien verlassen, beide mehr (mein Mann) oder weniger (ich selbst) auf dem Erfolgstrip. Ihm blieben viele Opernhäuser und Konzertsäle treu. Mit mir aber ging es bergab. Zuerst ließ das Burgtheater eine Produktion, meine dritte an diesem Haus, platzen. Dann fielen die anderen Bühnen und Fernsehanstalten von mir ab. Nicht gleich, und nicht alle. Schreiben ist noch immer mein Beruf, und ich lebe davon. Nicht mehr so üppig als zur Zeit meiner schwarzen Komödien. Metaphysisch, übersinnlich und grün – das war mehr, als man damals zu verzeihen bereit war.

Bin ich traurig darüber gewesen, enttäuscht? Ohne Zweifel, und zu allem Überfluß auch noch verschuldet. Heute weiß ich, daß Freiheit von Erfolg ein Geschenk ist, und daß der Fuß eines Engels meine Karriere zertrat.

In der Einsamkeit des Nordwalds fiel mancher Plunder von uns ab. Da wir es jahrelang ablehnten, die Natur mit einem Automobil zu beleidigen, waren wir wirklich allein. Dabei hatten wir eben noch ein gastliches Haus geführt! Generalintendanten zum Frühstück, Minister zum Nachtmahl, und dazwischen jede Menge Kunst, Adel und Industrie. Und jetzt? Nelly und Gülnare, zwei Schafe. Später kam Rosabella dazu, Felix, Mathilde, Bibi und Bubi, Sara, Raba, Suleika. Und Bocki Meckertier, der so gern Telefonbücher fraß.

Die ersten Weihnachten! Ich gestehe, wir haben uns sinnlos betrunken. Dann ging ich in den Stall und sang Nelly und Gülnare »Stille Nacht, Heilige Nacht« vor. Auch »O Tannenbaum«, während Gottfried vor der Stalltür erfolglos mit Streichhölzern, um uns alle anzuzünden, hantierte.

Ein Holzfällerhaus. Zwei Zimmer, eins unten, eins oben. Und, wie ein Wünschelruten-Hofrat viel später feststellte, von Wasseradern durchzogen. Auf zwei gekreuzten schlief ich. Diese Schmerzen! Heute weiß ich, daß die heidnischen Heiligtümer über gekreuzten Wasseradern erbaut wurden, und später unsere Kirchen.

Wäre ich, mit meinem Bett an einer anderen Stelle, je in den Himmel geflogen? Wasseradern scheinen die Seele vom Körper zu trennen, oder – was dasselbe ist – zwei Zustände des Bewußtseins voneinander. Die Trennung kann sich radikal als Krankheit und Tod manifestieren. Darum, wenn Ihnen Ihr Arzt einmal nicht helfen kann, verrücken Sie einfach Ihr Bett!

Boris Blacher muß ich noch vorstellen. Er war der geliebte Kompositionslehrer und spätere Freund meines Mannes. Ein Komponist mit russischer Seele und mathematischem Geist, in dessen Berliner Haus wir oft wohnten. Sie werden ihm noch oft in diesem Buche begegnen.

Arnold, den ich als Gespenst besuchte, ist Professor Graf Keyserling, der Religionsphilosoph, und Willy, Prinzessin

Auersperg, seine Frau. Beide sind tanzende Derwische, Yogis, Indianer honoris causa und unsere Freunde. Noch immer, obwohl sie unsere Ehe auf dem Gewissen haben. Denn bei einem indischen Mittagessen, das sie kochten, haben wir einander kennengelernt. Sie kochten es für uns. Gottfried von Einem suchte wieder einmal einen Librettisten für eine neue Oper, und die Keyserlings verfielen auf mich. Ich war damals extrem schüchtern, und mein ganzer Beitrag zur Konversation bestand darin, ehrfürchtig und unermüdlich zu lächeln. »Wie gefällt sie dir?«, fragte Arnold nach dem Essen seinen Freund. »Ein Imbezil«, sagte mein späterer Mann. »Aber soll sie halt etwas schicken...« Ich schickte die »Vanillikipferl«-Einakter. Er schickte sie postwendend zurück: »Das sind ja monströse Scheusäler!« Bald darauf haben wir geheiratet, so ist das Leben. Das nächste Opernlibretto war allerdings von Dürrenmatt, »Der Besuch der alten Dame«. Das Publikum jubelte. Erst sechzehn Jahre später sollte ich ein Libretto beisteuern, und daraus wurde »Jesu Hochzeit«, der Opernskandal.

Das goldene Tier

Erinnern Sie sich an den Löwen? Er begleitete meinen goldenen Doppelgänger, als dieser von einer Nachtreise in meinen Leib zurückkehrte. Viele Jahre lang blieb er mir ein Rätsel.

Dann las ich, daß unser Engel zuweilen als Löwe erscheint. Denken Sie! Ein Feuerengel, ein Sonnenengel, ein goldenes Tier als Reisebegleiter in andere Welten...

Phantasie? Aber nur, solange wir unsere Wirklichkeit für endlich halten, und für begrenzt. In der grenzenlosen, unendlichen Wirklichkeit gibt es keine Phantasie, sondern nur Grade der Wahrnehmung. Die Grenzen der Wahrnehmung erfahren wir als Gegensatz, und als Zeit.

Auch als Person? Der magische Mensch, der Zauberer, der sich selbst und andere verwandelt – er verändert, verschiebt das

Spektrum der Wahrnehmung, das ist alles. Und bei denen, die wir als Geisteskranke in Anstalten sperren, ist es einfach ein wenig verrutscht.

Wie besorgt sind wir um die Identität einer Welt, die es nicht gibt! Um die Identität der Person, ohne sie als Teil zu erkennen. Das Ganze ist mehr als die Summe seiner Teile? Gewiß. Aber es ist vor allem etwas anderes. Das Ganze ist etwas *total anderes*!

Tagebuch eines Gespensts

1974

Rindlberg, 24. Jänner

Gestern, nach meiner ORF-Séance, war Boris Blacher sehr ungläubig. Ich nahm mir vor, ihn nachts zu besuchen, sollte ich astral vagabundieren. Heute vormittag erzählte er mir, um 8 Uhr früh hätte jemand seine Tür im Schloß-Hotel Groß Pertholz vehement geöffnet, ohne daß jemand sichtbar war, und ebenso vehement wieder – mit Knall – zugeschlagen. Es sind sonst keine Gäste im Schloß. Ich selbst lag um 8 Uhr früh halbwach im Bett, dösend, aber voll Zorn auf Blacher. Haben meine zornigen Gedanken an ihn genügt, diesen Spuk auszulösen?

Rindlberg, 25. Jänner

Heute nacht oder vielmehr morgens zwischen 5 und 6 Uhr kam ich zu mir und war starr. Ich hatte total vergessen, daß dies der Anfang einer Exkursion ist und bemühte mich voller Verzweiflung, die Herrschaft über meinen Körper zu erlangen. Plötzlich fiel mir die Bedeutung der Starre ein, und ich gab den Widerstand auf. Sofort stieg ich unter Glücksempfindungen auf. Der Anfang der Wanderung war schön, ich muß in Wien gewesen sein und sah die Häuser einer vertrauten Straße in der Höhe des letzten Stockwerks an mir vorbeifliegen. Später nahm alles den Charakter eines Horrortrips an. In meinem Schlafzimmer, links hinter mir, plätscherte Wasser (es regnete *nicht*) und vor mir, zu meinen Füßen, begann wieder dieses Gepolter. Rechts über mir waren auch Laute, die mich erschreckten, und irgendeine Anwesenheit, die sich eben manifestieren wollte und vor der ich tiefe, schreckliche Angst empfand. Ich bekämpfte den astralen Zustand gewaltsam so lange, bis es mir um 6 Uhr früh gelang, ihn ganz aufzuheben. Gottfried schlief und hat nichts wahrgenommen. Aber Nelly und Gülnare hatten ohne ersichtlichen Grund heute große Angst vor mir.

Wien, 15. März

Mitten im Traum erinnerte ich mich daran, daß man Träume auslöschen kann. Ich tat es, die Bilder verschwanden, ich erwachte in der vertrauten Starre. Links von mir (immer alles links!) Stimmen, ich glaubte, meinen Bruder zu erkennen. Ich stieg auf, Lärm über mir, ich flog durch viele Landschaften und Städte, Schönheit, leuchtende Farben, ich war außer mir vor Entzücken. Dazwischen immer wieder dieser Lärm über meinem Kopf. Rechts (diesmal rechts!) über mir erschien oder vielmehr materialisierte sich bis zur Hüfte eine fremde Gestalt, ein alter, vielleicht indianischer Mann – und sprach eindringlich, fast drohend zu mir: »Und oben und unten – und oben und unten – und oben und unten.« (Ich weiß, daß das genaue Zitat ein »wie« und »so« anstelle des »und« hat, wußte es auch im Moment des Hörens.) Nach dem dritten Mal erwachte ich ganz leicht aus der Starre.

27. April

Gestern abend habe ich viel getrunken, nachts nur wenig geschlafen. Während uns Franzi im Auto nach Rindlberg fuhr, saß ich allein auf den Rücksitzen und war nach einer Weile von beständig auftauchenden Gesichtern und Gestalten umgeben, immer neuen – sie schienen wie aus grauem und rotem Nebel zu sein, doch jede Physiognomie war präzis. Und mir gänzlich unbekannt. Aus purer Angst begann ich ein Gespräch mit Gottfried und Franzi, und die Erscheinungen verschwanden.

Wien, 15. Mai

Abends las ich mit großer Freude Jouvenels »Weisungen aus dem Jenseits«. Ich fragte mich, wie schon des öfteren, ob meine astralen Zustände mit den drei Toten, die mir so nahestehen – Herbert, Papa oder Paul – zusammenhängen. Ich schlief ein und erwachte um 3 Uhr früh. Fühlte mich elend, konnte nicht mehr schlafen, las bis etwa 4.30 Uhr. Schlief ein, erwachte in der Starre, erinnerte mich und stieg sogleich – während das Zimmer wiederum tobte – auf. Ich habe bis 7 Uhr früh dann mindestens drei oder vier Astralreisen gemacht, und ich kann nur wenige Einzelheiten notieren, die mir noch bewußt sind.

Herbert stand auf der Schwelle meines Zimmers. Ich flog auf ihn zu, fiel ihm um den Hals. Seltsamerweise waren sein Gewand – ich kannte es, er trug das nicht immer, aber manchmal – und seine Gestalt klarer erkennbar als sein Gesicht. Aber es gab nicht den geringsten Zweifel. Wir gingen durch das Vorzimmer, und einen Moment fürchtete ich, Gottfried aufzuwecken, bis mir wieder klar wurde, daß wir uns auf einer Ebene bewegen, die unsichtbar und unhörbar ist. Als wir die Tür zum Hausflur öffneten, sagte ich: »Aber du mußt Gottfried ebenso sehr lieben wie mich.« »Ich liebe ihn auch«, antwortete Herbert, »ich gehe später zu ihm, ich werde meine Zeit genau zwischen euch teilen.« Wohin ich mit Herbert ging, weiß ich nicht.

Beim nächsten oder übernächsten Flug wurde ich von einem Geist, den ich für einen Dämon hielt, getragen. Ich fühlte seinen Körper – kein männlicher Körper, weiblich oder neutral – deutlich an meinem. Ich fürchtete mich und betete, was ich lang nicht mehr getan habe, seit ich ein Kind war nicht mehr, glaube ich. »Im Namen des Vaters und des Sohnes und des Heiligen Geistes…« Sofort war ich frei. Später fragte ich mich, ob es mein eigener physischer Körper war, den mein mystischer Leib fühlte?

Eine große, sehr große goldene Spinne versuchte auf mich zu kriechen, als der Dämon mich durch die Lüfte trug.

Ich erblickte mein eigenes Gesicht vor mir, in den Armen des Dämons – meine Wimpern waren so lang und weiß wie die Barthaare einer Katze.

Vor einem Flug, vielleicht dem ersten, erblickte ich ein magisches Zeichen, das sich auf mich herabsenkte. Ich kannte es, ohne es zu erkennen.

Einmal hörte ich die Stimme meines Bruders neben mir, er

war bei mir, ich wußte es. Ich versuchte auch, zu Gottfried und in die Wohnung meines Bruders zu gelangen, glaube aber nicht, daß ich es schaffte.

Heute morgen sagte Gottfried, er hätte zwischen 4.30 Uhr und 7 Uhr mehrmals schrecklichen Lärm gehört, anders als sonst. Ich gestand ihm, ich hätte wieder gespukt.

Dann rief ich meinen Bruder an und fragte ihn, ob er heute nacht von mir geträumt hätte? Er wüßte es nicht, sagte er. In den Morgenstunden sei er in einen völlig unnatürlichen Tiefschlaf verfallen, hätte selbst den Wecker nicht gehört, was ihm noch nie passiert war, und beim Erwachen wäre er unfähig gewesen, zu sprechen oder sich zu bewegen. Ich erklärte ihm diese Starre, die er zum ersten Mal an sich selbst wahrgenommen hat. Er war nicht mehr so skeptisch wie sonst.

Gottfried sagte mir noch, es wäre wie ein Gewitter gewesen. Wie Donner.

Rindlberg, 24. Juli

Habe ich meine Fähigkeit eingebüßt? Im Mai, bei Zuckmayers in Saas-Fee, hatte ich noch ein paarmal die Starre. Ich schlief mit Gottfried in einem Zimmer. Wenn er es merkte, weckte er mich. Er sagte, es dauerte erschreckend lang, bis ich wieder zu mir kam. Dabei merkte ich alles, was er tat. Ich stieg wieder mit der Weißbewimperten in die Lüfte. Es war so herrlich, daß ich vor Glück aufschrie. Da brachte Gottfried mich wieder zu mir zurück.

Vorgestern und auch die Nächte vorher wieder die Starre. Aber kein Flug. Einer vielleicht. Ich fühlte den Beginn des Aufstiegs – und plötzlich war das ganze Zimmer von Stimmen erfüllt. Auch die Wiese unter meinem Fenster. Ich erkannte die Stimmen nicht, verstand auch nicht, was sie sagten. Es klang so, wie Menschen sich auf einem Fest unterhalten. Gleichzeitig war alles hell. Aber ich war nur erschrocken. Ich dachte, wenn ich Stimmen höre, ist alles am Ende doch nur Schizophrenie. Erst später fiel mir ein, daß Gottfried mich ja gesehen hat! Nach den Stimmen verlor ich übrigens das Bewußtsein.

Ich vergaß: in Saas-Fee, als es mir während eines Nachmittagsschlafs immer wieder passierte, kam Gottfried zu mir – wenigstens glaubte ich, seine Schritte zu hören – und ergriff meine beiden Hände. Plötzlich merkte ich, daß etwas nicht stimmte. Die Hände waren zu klein und zu weich. Ich blickte – mit geschlossenen Augen – auf und direkt ins Gesicht eines elefantengrauen Dämons. Ich glaube, im Tibetanischen Totenbuch kamen solche Dämonen vor. Er tat mir nichts, lächelte nur und hielt meine Hände.

Gestern schlief ich nach dem Mittagessen. Ich erwachte vom Summen einer Biene, die durchs offene Fenster in mein Zimmer geflogen war. Und hörte mich noch meinen letzten Traumsatz sprechen, der wie die Antwort in einem Gespräch klang: »Also ist jeder Mensch mit einem ganz bestimmten Licht identisch.« Dabei hatte ich – nicht zum ersten Mal – das Gefühl, im Traum unterwiesen zu werden. Von wem?

Grundlsee, 3. August

Heute um 10.30 Uhr vormittag lasse ich mich von Prof. Holzer in Hypnose versetzen, um mich an meine Vergangenheit in früheren Existenzen zu erinnern. Mein letzter Morgentraum vor dem Aufwachen: Ich gehe mit meiner Mutter über eine Wiese zum Bauernhof meiner Kindheit. Die Wiese ist überschwemmt, ein reißender Strom mit meterhohen Wellen. Ich sage meiner Mutter, daß sie zurückbleiben soll, ich müßte etwas holen und käme wieder. Allein erreiche ich schwimmend den Hof. Dort treffe ich einen blassen Mann, der mich bittet, ihm zu helfen, das Dach zu decken.

Rindlberg, 19. August

Ich glaube, heute nacht war da wieder die Starre. Ich ließ mich los – und erfuhr sofort einen Zustand, der einer Wirkung von Rauschgift ähnlich sein mag. In blitzschneller Folge entrollten sich vor mir die Dokumente einer mir völlig fremden Kultur. Zeichen und Figuren auf braunem Grund. Später wurden die

Wände meines Zimmers, wurde der ganze Raum ornamental aufgelöst. Aber die Ornamente waren in unablässiger Bewegung. Oder waren es gar keine Ornamente, sah ich Strukturen? Dann flog eine Mücke durchs offene Fenster, ich hörte sie und wunderte mich, daß sie so haarig aussah. Plötzlich bemerkte ich, daß ich sie durch meine geschlossenen Augen sah. Ich öffnete die Augen – und tatsächlich, das gleiche Bild. An derselben Stelle.

Rindlberg, 23. September

Heute nacht zwei bis drei Exkursionen. Die Starre, das Aufsteigen. Beim zweiten Mal wurde ich in der Luft herumgedreht, lag statt von Süden nach Norden plötzlich von Osten nach Westen. Zündete mit der einen Phantomhand meine reale Lampe an und mit der zweiten eine kleine, mir völlig fremde Jugendstillampe mit Perlmuttschirm. Beide Lampen gaben ein sehr zartes Mondlicht. War ich in zwei Welten zugleich? Und während der ganzen Zeit hörte ich meine unartikulierten Versuche, zu sprechen, um Hilfe zu rufen. Es klang, als würde ein Taubstummer stammeln. Gottfried kam, beruhigte und tröstete mich – aber ich fragte ihn am Morgen. Er war nicht wirklich bei mir. Hat nichts gehört. War es sein Phantom? O ja, ehe alles begann, raschelte das Papier auf meinem Schreibtisch. Ohne Wind, bei geschlossenem Fenster. Sehr deutlich. Ich machte sogar Licht, weil das Geräusch mich verwirrte. Nichts zu sehen. Um 2.20 Uhr früh war alles vorüber. Im folgenden Traum suchte ich Samen zum Pflanzen eines Apfelbaums. Fand zuletzt uralten Samen bei einer uralten Frau.

Rindlberg, 22. Dezember

Erwachte heute nacht in der Starre. Schlief wieder ein. Rollte links aus mir heraus, erhob mich und drehte mich in der Luft nach Norden. Stieg auf, wobei ich durch meine geschlossenen Augen die Maserung des Holzes (ich schlafe in einem Dachstübchen, über mir Kiefer) hell aufstrahlen sah. Der Schein war oval und wie sehr helles Mondlicht. Ich dachte noch, wieso, mein

Zimmer ist doch dunkel – geht das Licht von mir selbst aus? Dann schwand mein Bewußtsein. O ja, etwas Merkwürdiges noch, an das ich mich erinnere. Ich erlebte, während ich aus mir rollte, meinen ganzen Körper als lustvoll. Was mir selten passiert. Zurückgekehrt bin ich, als ich das Keuchen meines eigenen Atems im Zimmer vernahm.

Rindlberg, 24. Dezember

Heute nacht mehrere Exkursionen. Aber kein besonderes Glücksgefühl. Zwischendurch immer wieder Verwirrung und Bewußtlosigkeit. Habe wieder durch geschlossene Augen gesehen. Und mich, meine Augen zwischendurch öffnend, von der Richtigkeit des Gesehenen überzeugt. Geriet wieder in die Sphäre der Stimmen. Keine jenseitigen oder geheimnisvollen Stimmen. Sondern der lebhafte Lärm eines Platzes, Wortfetzen, eine Knabenstimme darunter. Zu undeutlich, um mehr zu erkennen. Das Gefühl, inmitten einer Menschenmenge zu sein. Verändere ich in der Exkursion meine Position im Raum? Oder in der Zeit? Gefühlsmäßig würde ich sagen, in der Zeit. Denn zugleich mit dem Lärm fremder Stimmen dringt durch die geschlossenen Augen helles Tageslicht.

Rindlberg, 29. Dezember

Drei Exkursionen. War in fremden, mir völlig unbekannten Landschaften. Unbesiedelt. (Zeitreise?) Alles nach 3 Uhr früh. Leichte, angenehme Rückkehr.

* * *

Die Anbetung der Null

Ein Abend, den ich nie vergessen werde. In unserer damaligen Wohnung in der Marokkanergasse war Boris Blacher aus Berlin für ein paar Tage zu Gast. Ich glaube, er machte damals die elektronische Musik für meinen »Wiener Totentanz«. War es meine oder Gottfrieds Idee, auch Arnold Keyserling einzuladen? Es war eine Verrücktheit, und wir wußten es beide. Blacher bekam sofort Fischaugen, wenn die Rede auf Metaphysik kam. Aber ich stelle mir Menschen gern als Atome vor. Und versuche, sie zu abenteuerlichen Molekülen zu binden.

Blacher, eine Art Einstein unter den Komponisten. Zart, leise und von schnoddriger Brillanz. Und Graf Keyserling? Ein sokratischer Magus. Der Riese mit dem Kindergemüt. Zwei Welten prallten aufeinander – und vermischten sich entzückt. Das Thema, in dem alle Gegensätze sich ineinander auflösten, war die Null.

Ich hörte nur zu und goß die Gläser voll, auch mein eigenes. Hinter einem goldenen Schleier aus Wein vollzogen die drei Männer die Anbetung der Null. Es war ein Mysterium, obwohl es in einem Salon der Gründerzeit stattfand und das Ritual sich als Gespräch tarnte. Die Null wurde zur Königin des Kosmos gekrönt. Selbst keine Zahl, schenkte sie allen Zahlen Leben, Bedeutung und Tod. Ich verstand damals nichts. Und alles! Jedenfalls halte ich die Null seither für ein Pseudonym Gottes, oder umgekehrt. Sie ist der weiße Schoß, sie ist das schwarze Grab, die paradoxe Potenz des Nichts.

Ich erzähle Ihnen diese kleine Geschichte, weil Sie Boris Blacher im nächsten Jahr des Nächtebuchs auf eine sehr andere Weise begegnen werden. Da ist er wieder mein Hierophant der Null! Aber als er uns im Jänner neunzehnhundertvierundsiebzig in Rindlberg besuchte, war er mit der Ratio verheiratet. Und erschreckend monogam. Das Fernsehen strahlte gerade eine Sendung aus, in der ich zum ersten Mal über die »Dinge zwischen Himmel und Erde« sprach, und wir guckten sie uns beim Dorfgreißler an. »Du bist so 'ne nette Person«, sagte Blacher nachher zu mir, und ich sah ihn erwartungsvoll an. »Aber das«, fuhr er fort, »war Käse!«

Atome eines Moleküls

Ich erzählte vom temporären Menschenmolekül eines Abends. Aber die Makromoleküle, in denen wir wirklich existieren, sind in ihrer Struktur wohl unabhängig von Raum und Zeit. Lebendiges, Totes und weit Entferntes ist in ihnen vereint. Menschen, Tiere, Pflanzen, Dinge und wer weiß, was an Sichtbarem und Unsichtbarem noch. Wir alle bilden Gestalten, die Gestalten bilden, die Gestalten bilden. Religionen versuchen, das Geheimnis der letzten Gestalt zu entschleiern. Falls es eine letzte Gestalt gibt! Polytheismus und Monotheismus sind einfach verschiedene Arten der Betrachtung, und keine ist falsch.

Ich weiß nicht, wer oder was das Molekül ist, an dessen Bildung ich beteiligt bin. Ich kenne nur die an mich grenzenden Atome. Und einige von ihnen, weil sie in diesem Nächtebuch vorkommen, stelle ich Ihnen vor. Der Franzi vom 27. April heißt Dr. Franz Schafranek und leitet als Direktor das Englische und Französische Theater in Wien. Die drei Toten vom 15. Mai sind der Verleger Paul von Zsolnay, mein Vater Karl Gruber, Erfinder, und der Dichter Herbert Zand.

Paul Zsolnay war mein erster Verleger und wurde mein Freund. Er war groß, mager und von jener Häßlichkeit, die schon eine Steigerung der Schönheit ist. Er war wahrscheinlich der glänzendste Verleger seiner Zeit, und er hatte die ebenso seltene wie bezaubernde Eigenschaft, sich selbst nicht ernst zu nehmen. In drei Träumen träumte ich seinen Tod, ehe er eintrat. »Es ist alles ganz einfach«, pflegte er zu sagen. »Wenn ich gestorben bin, werde ich lachen, daß ich es nicht begriff!« Manchmal glaube ich, daß sein Gelächter den Rand meiner Träume erreicht.

Mein Vater Karl Gruber war nicht nur ein leidenschaftlicher Erfinder von großen und kleinen Maschinen. Er erfand auch, als ich noch ein Kind war, die wirkliche Welt der Feen, Kobolde und Geister für mich. Und auch er lachte am liebsten und lautesten über sich selbst. Einmal gestand er mir, er könne nachts fliegen. Ich war damals in den Zwanzigern und verstand nichts. Mein Vater stammt aus dem einsamen, düsteren Böhmerwald, in den ich zurückgekehrt bin. Meine Großmutter war Analphabetin, der Großvater mit vierzig schon tot. Und zwölf Kinder! Zwei Klassen lang durfte mein Vater die Volksschule besuchen, dann wurde er zu einem Bäcker in die Lehre geschickt. Später wanderte die ganze Familie nach Wien aus, die spärlichen Habseligkeiten in den rotgewürfelten Überzug einer Tuchent gestopft. Mein Vater war klein, dick und zuletzt dünn wie Papier. »Und wenn wir einst gestorben sind«, sang er, »leben wir lustig fort!« Er starb an Krebs, aber bei dieser Gelegenheit stellten die Ärzte auch mehrere Herz- und Lungeninfarkte fest. Er hatte sie überhaupt nicht bemerkt.

Herbert Zand war mein Bruder, und natürlich waren wir überhaupt nicht verwandt. Sondern beinahe identisch. Einer konnte auf die Gedanken des anderen antworten, und wir führten die abenteuerlichsten Gespräche, ohne auch nur den Mund aufzutun. Etwas Helles war um ihn, ein Leuchten. In meiner Erinnerung erscheint er zuweilen als Hermes, der schöne Hirte mit den geflügelten Füßen. Er hat ein paar wirklich sehr gute Romane geschrieben, und einige Geschichten, die sich in die Unendlichkeit öffnen. Eines Tages sah er sich selbst auf einer weißen Straße gehen, die vor seinen Füßen plötzlich aufhörte. Beunruhigt, wollte er eine Versicherung zugunsten seiner im Heimatdorf gebliebenen Frau abschließen. Die Versicherung lehnte ihn ab. Eine Routineuntersuchung hatte ergeben, daß er ein Sterbender war. Bald darauf fand er auf seinem Schreibtisch ein goldenes Feuerzeug. Es gehörte ihm nicht, und kein Besucher hatte es vergessen. Er lebte damals wie ein Einsiedler in seiner großen alten Wohnung hinter dem Burgtheater, und niemand außer ihm besaß einen Schlüssel. Dann fing die Geschichte mit den Zeitungen an. Zeitungen in einer Sprache, die er nicht verstand, und die keiner kannte. Wenn er nach Hause kam, lagen sie in seinem Zimmer. Und eines Abends saß eine alte Frau auf seiner Türschwelle. Antwortete nicht, als er sie freundlich ansprach. Bewegte sich nicht, als er an ihr vorbei in seine Wohnung ging. Als er etwas später nachschaute, war sie verschwunden. Auch die Zeitungen lagen nicht mehr im Zimmer. Denn nun las er sie jede Nacht im Traum, eine Botschaft in Fortsetzungen. Der Morgen löschte sie aus. Aber die Buchstaben, erzählte er mir, waren lebendig. Wie Schlangen wanden sie sich von Wort zu Wort. Wir saßen an einem kleinen Tisch und sprachen, für uns war das kein Tabu, über den Tod. »Es ist der Tisch, der stirbt«, sagte er. »Die Atome, die ihn jetzt bilden, bleiben. Vereinigen sich zu anderen Formen...« Plötzlich wußten wir beide, dies ist der Abschied. Das letzte Mal. Dann las ich in der Zeitung, er wäre gestorben. Ich wollte ein Kreuz in meinen Kalender machen, aber da stand schon etwas. Ich selbst hatte es eines Nachts hineingeschrieben, lang vorher, und warum gerade auf diese Seite? »Es gibt keinen Tod«.

Mein leiblicher Bruder ist mein leiblicher Bruder. Auch unsere Seelen sind noch verwandt. Aber die Geister! Karli oder Helmut, wie er sich, seit er erwachsen ist, nennt, ist so übersinnlich wie ein Sonntagsbraten. Und ebenso köstlich. Gutmütig, gescheit, und es gibt einfach nichts, worüber man nicht mit ihm lachen kann. Sind wir allein, vergessen wir unsere grauen Haare, denken uns Schabernack aus und spielen Verstecken im Schrank. Aber natürlich hält er mich, obwohl mit liebevollem Humor, für verrückt. Die Wirklichkeit hat eben viele Stränge, und jeder von uns zieht an einem anderen. Ich möchte gern alle wieder miteinander verknoten, und vielleicht gelingt es mir auch. In ein paar tausend Jahren...

In Saas Fee hat mir Carl Zuckmayer, der Dramatiker, die drei blauen Bergfräulein gezeigt. Das sind Feen, die jeden Abend in einer weißen Gletscherspalte verschwinden. Nachts fliegen sie in ihren langen blauen Kleidern durch die Luft und machen das Wetter. Aber jeden Morgen sitzen sie pünktlich um acht wieder hinter ihren Briefschaltern und sind die Postfräulein von Saas Fee. »Wirklich?«, fragte ich atemlos. Zuck umarmte mich lachend, und sein uralter Hund Axelchen biß mich, das war seine letzte Lebensäußerung, verärgert ins Bein. Als ich etwas Armagnac auf die Wunde tupfen wollte, verweigerte Gottfried mir glatt die Flasche. Er hatte eine bessere Verwendung für sie. Der Mond ging auf, und Zuck in den Keller hinunter. Was für ein fröhlicher Weinberg! Wir tranken, und Zuck geizte nicht mit seinen Schätzen. Er und die Dichterin Alice Herdan, seine Frau, erzählten von alten Zeiten. Die Geister von Gerhart Hauptmann, Bert Brecht und so vielen anderen kamen an unseren Tisch, und ich bin sicher, daß auch sie den Hellroten nicht verschmähten. Zuck und ich begleiteten Lizzy ins Schlafzimmer. »Hat sie nicht«, fragte er und löste sanft das Hemd von ihrer Schulter, »a Häutle wie Rahm?«

Ich war einmal

Professor Hans Holzer, Parapsychologe aus New York, wollte mich auf eine Zeitreise in die Vergangenheit schicken. Ich war neugierig und sagte zu. Was hätte, anders als im Traum vom 3. August, meine Mutter wirklich dazu gesagt?

Sie war ein junges Mädchen, mollig und scheu. Bis zuletzt. Und bis zuletzt wartete sie auf das Wunderbare, das nie kam. Außerdem, und wirklich nur außerdem, war sie eine früh ergraute Frau, sehr gebildet, sehr bescheiden, geprägt von einem pessimistischen Sinn für die Realität. Der Papa war Miniaturmaler gewesen, die Mama Pianistin und Klavierlehrerin. Sie hatte Singen und Malen gelernt. Dann führte sie den Haushalt und das Büro meines Vaters. Lauter aus der Mode gekommene Tugenden hatte sie. Fleiß, Anstand, Gewissenhaftigkeit. »Wenigstens«, sagte sie nach meinem dritten publizierten Roman, »lernt die Lotte Maschinschreib'n.« Gerührt lobte sie den Märchendichter Christian Andersen nach der Lektüre seiner Biographie: »Und so brav ist er g'storb'n!« Wie, einige Jahre später, sie selbst.

Professor Holzer hat mich in Grundlsee hypnotisiert. Gottfried war dabei und sagte mir nachher, ich hätte völlig flach geatmet, also war ich wirklich in einer Art Trance. Jedenfalls habe ich, wenn ich meine Existenz in vergangenen Jahrhunderten betrachte, entschieden Karriere gemacht. Zuletzt war ich Bäuerin in Rochester, angeklagt als Hexe. In der Nacht vor dem Scheiterhaufen zündete allerdings der eigene Mann mich samt Hof und Kindern an. Vorher war ich Bibliothekar in Reims, gichtkrank, an den Lehnstuhl gefesselt, versorgt von einer harten, finsteren Magd. Und wieder vorher die Tochter eines Schusters in Wien, und mein Liebster war Graf... Graf, Magd und Bauer, sie alle waren Gottfried, wer sonst?

Ob das stimmt oder nicht, keine Ahnung! Merkwürdig bleibt nur, daß ich mit blankem Entsetzen reagierte, als ich Gottfried im Vorzimmer der Keyserlings zum ersten Mal sah. Also doch nicht zum ersten Mal? Und als er Jahre später in der Marokkanergasse um zwei Uhr früh mein Zimmer betrat, rief ich, aus dem Schlaf fahrend, laut um Hilfe. Aber auf Englisch. »Help! Help!«

Glaube ich an Reinkarnation? Ja und nein. Der Träumer träumt, und jeder Traum ist ein Leben. Aber wer ist der Träumer, bin ich es? Und dieses Ich, kenne ich es überhaupt?

Jeder Traum ist Teil eines anderen Traums, jedes Leben Teil eines anderen Lebens. Die Summe der Leben, die Summe der Träume, die Summe der Träumer – sind sie nicht eine Ganzheit von unerkannt anderer Art? Ein Schwarm von Bienen! Wer ist die Königin, und wer erntet den Honig? Den Honig der Träume, den Honig der Leben... Und Zeit ist die Tanzlinie eines Blütenflugs!

Ein Bild von der Erde, mit Widmung

1975

Rindlberg, 7. Jänner

Nach 6 Uhr früh eine Exkursion. Habe nur ihren Anfang erlebt, sehr schön, dann fehlt die Erinnerung.

Wien, 1. Februar

Als ich mich heute nacht von mir löste und, wie gewöhnlich, aufzusteigen erwartete, sank ich zu meinem Erstaunen mit immer größerer Geschwindigkeit unter mich hinab. Was dann geschah, weiß ich nicht mehr.

Boris Blachers Tod

Am Morgen des 30. Jänner in Rindlberg berichtete mir Gottfried, er hätte zwischen 3 und 4 Uhr früh Atmen und Röcheln in der Wand, an der sein Bett steht (Nordwand) gehört, ferner immer wieder Geräusche und Schritte in seinem Zimmer. Wenige Stunden später erfuhren wir, daß Blacher genau um diese Zeit in Berlin gestorben ist.

Am 2. Februar reisten wir nach Berlin. In der Nacht stieg ich zweimal auf. Beim zweiten Mal hörte ich Gottfrieds Stimme vor meinem Fenster auf der Straße und sprang aus dem Bett – die Straße war leer.

Am 3. Februar, während des Frühstücks, schwoll binnen weniger Minuten mein linkes Auge so an, daß es mir fast aus dem Kopf quoll. Es tat nicht weh, bis auf den Druck, sah aber entsetzlich aus. Ich lief in die Apotheke und fragte nach dem nächsten Augenarzt. Man verwies mich, da der Arzt auf dem

Mexikoplatz gerade nicht ordinierte, in die Clay-Allee. Ich fuhr mit dem Taxi hin, nun doch sehr beunruhigt, und betrat – das Haus der Leichenbestattung Grieneisen, die Blachers Bestattung durchführte. Möglicherweise, ich habe nicht gefragt, lag sein Leichnam an jenem Tag dort. Der Arzt hatte seine Praxis im gleichen Haus, untersuchte mich und bekannte, nicht zu wissen, was mir fehlt. Ein Ödem, sagte er. Vielleicht gefährlich, vielleicht nicht, vielleicht allergisch. Und verschrieb Cortison. Im Nebenhaus ist eine Drogerie, ich kaufte mir einen Taschenspiegel und schaute hinein. Mein Auge, das noch vor zwei Minuten den Arzt und die Schwestern erschreckte, war wieder *völlig normal*. Ich ging zu Fuß zur U-Bahn und fuhr nach Zehlendorf. Wir wohnten, wie immer, in Blachers Haus in der Kaunstraße.

In der Nacht vom 3. auf den 4. Februar erwachte ich nach 3 Uhr früh mit Herzschmerzen. Ich sah, daß die schwarzen Vorhänge vor dem Fenster sich blähten, als ginge draußen ein starker Wind. Die Zweige der Bäume bewegten sich nicht, die Luft war ganz still. Und die Vorhänge bewegten sich weiter, schienen sich zu Gestalten zu formen – plötzlich sang eine Amsel in meinem Zimmer. Da mein Fenster einen Spalt offen war, dachte ich, ein Vogel wäre wirklich hereingeflogen, stand wieder auf und suchte ihn. Die Amsel sang und sang und war gar nicht da. Mir fiel ein, daß Blacher den Gesang einer Amsel komponiert hat, und daß ich das Stück besonders liebte, noch lang, ehe ich ihn kannte. Dann schlief ich ein.

In der Nacht vom 4. auf den 5. Februar war es vollends verrückt. Ich erwachte nicht in der Starre, sondern mitten in den Vibrationen, die einer Exkursion vorangehen. Sie waren diesmal so stark, daß ich das Gefühl hatte, mein Körper würde wie ein Birnbaum geschüttelt. Ich stieg mehrere Male auf. Einmal fühlte ich eine Hand (nicht kalt, von normaler Wärme) in meiner Linken. Ich überzeugte mich davon, daß es nicht meine eigene war. Sehen konnte ich nichts. Ich war zwar bestürzt, empfand jedoch keine Angst. Viele Geräusche im Zimmer. Zwischendurch verlor ich immer wieder das Bewußtsein. Es war die letzte Nacht, ehe Blachers Leib verbrannt wurde.

Am Morgen erzählte mir Gottfried, in seinem Zimmer hätte

es fast die ganze Nacht gepoltert und getobt. Auch anderes wäre geschehen, doch er vermied es, darüber zu sprechen. Blacher glaubte nicht an ein Leben nach dem Tod. Wir haben noch im November darüber gesprochen. Ich sagte ihm, daß er sterben würde, ersticken. Und er sollte sich nicht wehren, einfach loslassen – dann würde alles gut sein. Zu meiner Beklommenheit reagierte er äußerst muff. Seither – heute ist der 10. Februar und am 7. Februar verließen wir Blachers Haus und flogen nach Wien – ist nichts Derartiges mehr geschehen.

Höchstens eine Kleinigkeit, die zu beweisen scheint, daß Menschen nicht nur im Wach- sondern auch im Traumbewußtsein miteinander kommunizieren. In der Nacht von vorgestern auf gestern träumte ich, ich wäre auf dem Lande und meine Mutter käme in einem kleinen roten Auto, brächte mir einen großen Sack Nüsse und führe wieder davon.

Gestern nun besuchte ich meine Mutter, die überhaupt nicht Autofahren kann und auch nie ein Auto besessen hat. »Mir hat heute nacht etwas ganz Entsetzliches geträumt«, sagte sie. »Ich bin in einem ganz kleinen Auto gefahren. Dabei wußte ich nicht, ob man links oder rechts fährt, ich war so nervös, daß ich wieder umkehrte. Noch nie habe ich so etwas geträumt.«

Ich auch nicht.

Zufall? Wohl kaum.

Wien, 13. Februar

Unterwegs vom Schwarzenbergplatz zur Nikolaigasse. Ich dachte über eine Fernseh-Serie nach, die ich gern machen möchte. Eine Serie über den Tod, in der ich zu Sterbenden spreche. Und versuche, die Angst der Unwissenheit von ihnen zu nehmen. Also, meine Gedanken sind beim Tod, als ich die Mahler-Straße überquere. Ein großer schwarzer Wagen zwingt mich, stehenzubleiben. Ein Leichenwagen mit Sarg. Während ich die Straße zu Ende überquere, spreche ich in Gedanken mit dem Toten, biete ihm meine Hilfe an. Ich erreiche das Trottoir, im ersten Haus ist eine Trafik, sie hat die neueste Nummer des »Spiegel« ausgehängt. Der Titel der Nummer: »Sterbehilfe«.

Rindlberg, 15. Februar

Gestern erzählte mir Lambert Binder (ein auf Feen spezialisierter Regierungsrat) von dem verstorbenen Seher Lorber, dem unsere Erde als Lebewesen erschien, der Kopf ist der Nordpol, und der Südpol, Sitz aller Dämonen, das Geschlecht. Automatisch, während ich mit L. B. telefonierte, schrieb ich in den vor mir liegenden Kalender, jedoch auf das Blatt des heutigen Tags: Nordpol Kopf. Und diese Vorstellung verfolgte mich den ganzen Abend, den ich mit Gottfried im Konzert verbrachte. Denn auch ich halte die Erde, die Sterne, den Kosmos für lebendigen Geist. Als ich einschlief, bat ich den Geist der Erde, mir zu erscheinen.

Heute früh fuhren wir von Wien nach Rindlberg. Unter Bergen von Post fand ich, ganz zuletzt, einen großen Brief mit fingiertem Absender: Hermann Keyserling. Botschaft aus dem Geisterreich? dachte ich. Ohne zu ahnen, daß es vielleicht wirklich so ist.

Ich lege den Brief und das mir gewidmete Bild (die Antwort, die Erscheinung) in mein Tagebuch. Manchmal habe ich das Gefühl, behutsam über eine Schwelle geleitet zu werden.

Rindlberg, 1. April

Heute nacht, irgendwann nach eins, zwei Exkursionen. Wieder die Starre, das Vibrieren, das Aufsteigen. Einen Moment lang fürchtete ich, mich an der schrägen Kiefernholzwand, unter der mein Bett steht, zu verletzen. Aber ich ging einfach durch das Medium des Holzes hindurch. Es schien plötzlich ein unbekanntes Medium zu sein, weder fest noch flüssig noch gasförmig, und es war wie eine lange Reise, es zu durchqueren. Gleichzeitig hörte ich hinter mir wieder starke Geräusche. Knallen? Zischen? Und zwar im Norden. Früher lag ich verkehrt in meinem Bett, von Süden nach Norden. Da waren die Geräusche vor mir. Jetzt liege ich nach Süden, da höre ich sie *hinter* mir. Einmal erlag ich der Versuchung, mich umzudrehen – und fiel sofort in meinen Körper zurück. Stieg aber bald wieder auf und flog mit großer Geschwindigkeit horizontal fort. Wobei ich nicht festzustellen vermochte, ob ich mich im Raum oder der Raum sich durch mich hindurch bewegte. Manchmal hatte ich den Verdacht, stillzustehen, während etwas mit einer Geschwindigkeit, die mich schwindeln machte, durch mich hindurchzog. Ich überlegte, welches Ziel ich mir wünschen sollte. Ich wünschte mir, den Indianer Don Juan zu besuchen. Dann verlor ich das Bewußtsein und erlangte es erst wieder in meinem Körper.

Bewegen wir uns im Raum oder bewegt der Raum sich in uns?

Rindlberg, 12. April

Heute nacht wieder im Zwischenzustand erwacht. Ich wünschte mir diesmal eine Reise anderer Art: Wie sah oder sehe ich in anderen Existenzen aus? Ein großer Spiegel tauchte vor mir auf. Das Licht war mondfarben. Und in dem Spiegel erblickte ich Gestalten, die mir nicht glichen und von denen ich doch wußte, daß ich es bin. Aber die Erinnerung ist trübe. Da war eine junge Frau mit dunkellockigen Haaren. Und da war auch ein Mann. Alles andere ist zerronnen.

Rindlberg, 2. Juni

Mehrere Austritte nach 2.30 Uhr früh. Ich erwachte halb in der Starre und wollte schon verzweifeln, als mir einfiel, daß dies der Beginn einer Astralreise ist. Ich setzte mich in meinem Bett auf – zum ersten Mal, früher wurde ich immer waagrecht emporgehoben, und ein paarmal rollte ich mich aus dem Bett – also, ich setzte mich auf, stand einfach auf und ging herum. Über die Treppe, zu Gottfried – da ging ich übers Dach, aber er hat mich nicht gesehen – und dann zu den Schafen. Oder war es doch ein Traum? Zwei waren schwarzweiß, und eins biß mich in den Finger. Dann wechselten die Schauplätze. Ich erwachte – steif und starr – in einem gotischen Zimmer. In meiner eigenen Vergangenheit? Hinter meinem Bett werkte eine Frau – eine Nonne? – in weißer, gestreifter Tracht. Nach viel großer Mühe gelang es mir, aufzusteigen...

Rindlberg, 13. Juni

Gottfried fragte mich heute früh, ob ich gespukt hätte? Poltergeister im Haus. Aber ich erinnerte mich nicht.

Rindlberg, 24. Juni

Lang vor Mitternacht erwachte ich und glaubte, ein Erdbeben wäre ausgebrochen. Es dauerte eine Weile, ehe ich merkte, daß nur mein eigener Körper vibrierte.

Rindlberg, 25. Juni

Im Traum oder zwischen zwei Träumen wurde ich darüber belehrt, daß alle Sterne in eine gemeinsame Haut eingeschlossen sind, die unser Universum begrenzt. Und auch darüber, daß die Entfernungen zwischen den Sternen viel kleiner sind, als wir annehmen. Ich sah alles sehr deutlich in Bildern. Die Haut war gelb und wie aus Licht.

Am nächsten Morgen las ich dies alles bei Paracelsus.

Enthüllen Studium, Erfahrung, Zeit nur unser eigenes Wissen?

Rindlberg, im August

Ich habe gelesen, daß man vor dem Einschlafen Wünsche in sein Unbewußtes wie in einen Briefkasten einwerfen kann. Die Formulierung war anders, dies aber gemeint. Ich suchte einen Titel für mein letztes Stück und fand keinen. Ich legte mich schlafen und bat darum. Am Morgen dachte ich: Quintett. Aber wieso Quintett? Gottfried hat eines für Bläser geschrieben, doch was hat das mit meiner Komödie zu tun? Dann fiel mir ein: Jahreszeiten. Unsinn, dachte ich. Auch Musik. Und plötzlich wurde es ganz klar: »Die fünfte Jahreszeit«.

Ist die Schwierigkeit der Inspiration nur eine Schwierigkeit der Dechiffrierung?

New York, 16. Oktober

Heute nacht fühlte ich zuerst nichts und dann eine leichte Berührung, nicht größer als ein Sixpence, auf meinem Bauch. Diese Berührung war zart aber eindringlich. Nicht unangenehm, eher mahnend. Ich habe nie zuvor etwas Derartiges gefühlt. Aus der Bewußtlosigkeit in einen Zwischenzustand gleitend, glaubte ich, Gottfried berührte mich dort. Doch konnte ich, da jeder Bewegung unfähig, nicht reagieren. Das nächste, was ich wahrnahm, war, daß jemand mich gewaltsam rüttelte. »What the matter?«, rief ich und erwachte. Gottfried schüttelte mich. Er sagte, ich hätte lange Zeit gewimmert, und noch längere Zeit hätte er dazu gebraucht, mich zu wecken. Aber ich erinnerte mich an nichts. Nur an diese seltsame Berührung meines Bauchs. War das die Silberschnur? Und bin ich weit weg gewesen? Gottfried sagte, es hätte erschreckend lang gedauert, bevor ich zu mir kam.

* * *

Purpurkopf

Mein Freund Lambert Binder war, wenn es um Feen ging, *die* Kapazität! Er war auch ein Meister in allen Reichen der Magie. Dazu ein lebendiges Lexikon, stets bereit, sich selbst aufzuschlagen, und Generationen von Schriftstellern haben von seinem Wissen profitiert. Eigentlich haben wir ihn alle ausgenützt, den lieben guten Regierungsrat von der Post. Aber er ließ es so gerne zu. Er war wie ein großer, grauer, gutmütiger Hund. Denen, die er zu seinen Herren erwählte, diente er rückhaltlos. Manchmal fürchte ich, wir haben ihn viel zu wenig gestreichelt.

Damals sollte ich fürs Radio einen Verschollenen entdecken. Und natürlich fragte ich Lumbi, wie wir ihn nannten, wen? So kam ich auf Jakob Lorber und in der Folge zu einem Bild von der Erde, mit Widmung. Dies ist der Brief, den ich am 15. Februar in Rindlberg vorfand, geschrieben und aufgegeben vor meiner nächtlichen Bitte! Was nur beweist, daß die Erde persönlich keine Gefangene der Zeit ist, wie wir.

Sehr geehrte Frau Baronin!

Ihr seinerzeitiges »übersinnliches« Selbstportrait im Fernsehen dürfte unter den Gleichgesinnten sicherlich viel Anklang gefunden haben. Ich persönlich hätte mir damals allerdings nicht träumen lassen, daß diese »Antimaterie« auch mich einmal beschäftigen wird. Nun begab es sich aber in den letzten Tagen, daß ich eine Fotostudie zusammenstellte, die einen surrealistischen Charakter haben sollte, ohne mir viel dabei zu denken. (Was ja bei dieser Gilde öfter vorkommen soll.) – Als jedoch die fertige Vergrößerung vor mir lag, erkannte ich plötzlich einen tieferen Sinn auf ganz anderer Ebene, und ich mußte unwillkürlich an Ihre vorerwähnte Sendung denken. Ich vertiefte mich immer mehr in die sonderbare Aussagekraft dieses Bildes, bis ich zu folgender (anmaßender?) Deutung kam und es allumfassend »Lumen mundi« nannte:

In der Mitte des Bildes der dominierende rote Kopf, kahl und bloß, kristallinisch abgesetzt vom aschgrauen Schmutz unseres »blauen« Planeten, losgelöst von aller Erdenschwere, ganz reiner Geist und reine Vernunft, Wort und Gedanke in orphischer Einheit. Und dieser Purpurkopf wird flankiert von zwei Leuchtern aus Gold und Alabaster, die als Symbol der Weisheit einsam ragen. Vom schwarzen, magischen Hintergrund her fließen zwei lichtdurchflutete Ströme wie sphärische Klänge aus fernen Welten in den statuarischen Raum. – Alles in allem ein Dreiklang der Künste: Sprache, Musik und bildhafter Traum in okkulter Erscheinung.

Durch den Umstand veranlaßt, daß Sie, meine sehr Verehrte, am Entstehen dieses Bildes mittelbar beteiligt waren, nehme ich mir mit dieser Post die von Ihnen erlassene Freiheit, Ihnen dieses Foto, mit einer Widmung versehen, in die Hände zu spielen. Denn warum sollte es Ihnen vorenthalten werden, wo es doch mediumistisch für Sie geschaffen wurde.

Ich hoffe, daß Ihnen diese beiläufige Gabe am Rande des Alltags eine kleine Freude bereiten wird. Allerdings will ich dabei unbekannt bleiben, so wie ich Ihnen bisher unbekannt war. Denken Sie mit Staunen, daß es auch heute noch Menschen gibt, die Freude schenken wollen nur um der reinen Freude willen, ohne des Freudenschimmers Wiederkehr zu wünschen. – Der Absender ist natürlich vorgetäuscht, wenn auch sehr beziehungsvoll, wie Sie gewiß schon bemerkt haben werden.

Wien, im Jänner 1975

Auf dem Bild steht rechts unten:

Lumen mundi
L. I. V. E.
zugeeignet.

Also live, original, direkt! Meine Initialen. Gewiß, das auch. Und das Licht der Welt, live.

Die fliegende Schlange

1976

Rindlberg, 12. Februar

Heute abend, vor dem Einschlafen, hinter geschlossenen Augen eine Lichtexplosion, begleitet von einem Laut über mir. Ich erschrak. Etwas später dasselbe nochmals, aber viel stärker! Dann lange nichts, und zuletzt noch ein drittes Mal, aber sehr schwach. Leider hatte ich Angst, obwohl ich sie mir nicht eingestand. Angst ist wie eine Tür, die alles aussperrt. Könnte ich sie nur ein für allemal öffnen!

Rindlberg, 20. Februar

Nach dem Mittagessen schlief ich eine Viertelstunde. Als ich erwachte, wußte ich nicht mehr, wer ich bin. Obwohl ich mich noch an meine Personalien erinnerte. Ich heiße Lotte Ingrisch, sagte ich zu mir, bin verheiratet mit Gottfried von Einem und gegenwärtig in meinem Haus in Rindlberg. Aber es waren leere Worte. Ohne Sinn, ich konnte sie in keiner Weise mit mir identifizieren. Plötzlich ging ein Ruck durch meinen Körper, ein Zukken, so als wäre etwas (ich selbst?) in mich gefallen. Und zugleich war ich wieder ich selbst.

Rindlberg, 26. Februar

Heute morgen zwischen 5 und 7 Uhr mehrere ungenaue Exkursionen. Erwachte in der Starre, keine Angst, erinnerte mich und stieg aus. Keine besonderen Erinnerungen mehr. Bemerkenswert nur, daß ich einmal mit den Füßen voran aufstieg. Als zöge mich jemand oder vielmehr etwas – es war wie ein Sog – schräg nach oben. Eigentümliches Gefühl.

Rindlberg, 10. März

Heute nach dem Mittagessen schlief ich ein wenig auf der Liege. Mein schwarzer Kater Wui Wui lag wie gewöhnlich auf meinen Knien. Ich erwachte in der Starre. Nach vergeblichen Versuchen, meine Hände zu bewegen, erblickte ich durch meine geschlossenen Lider meine schemenhaften Phantom-Arme und Hände. Sie hoben sich. Ich überlegte, wie es sich wohl anfühlte, wenn sie sich berührten. Wie Luft? Tat es, und sie fühlten sich völlig normal an. Warmes, festes Fleisch. Ich betrachtete sie, die verschwommen und halb durchsichtig waren. Auf meinem linken Ringfinger erkannte ich das Glänzen des Rings, den ich immer trage. Noch hielt die kataleptische Starre mich gefangen. Ich machte mir große Sorgen wegen der Katze. Würde sie, durch eine ungewöhnliche Wahrnehmung erschreckt, mein Phantom oder meinen Körper anspringen, schocken oder gar verletzen? Ich versuchte, mich zu erheben und hatte das Gefühl wüster Bewegung. Wüst war die Vokabel, mit der ich meine chaotische und widerstandslose Bewegung, etwa wie die einer fliegenden Schlange, übersetzte. Irgendwie war es mir peinlich, und ich kehrte in den Körper zurück. Wieder die Sorge wegen der Katze. Erst das Klingeln des Telefons löste den Bann. Ich war aber zu schwach und betäubt, um gleich aufzustehen. Ich betrachtete abermals meine jetzt physischen Hände. Erinnerte mich, daß ich den Ring stets an meiner rechten trage. Und in diesem Moment trug ich ihn überhaupt nicht. Hatte ich also halluziniert? Wohl kaum, denn ich reflektierte ununterbrochen. Ist die physische Erscheinung – astral oder nicht – nur die (fehlerhafte?) Übersetzung eines unbeschreiblich anderen Zustands?

Wien, 29. März

Heute nacht, nach 1 Uhr, mehrere Erstarrungen. Erst dann wurde mir ihre Bedeutung wiederum klar, und ich ließ mich los. Stieg auf – Erinnerungen an ein blasses Gesicht, meines, und an Pflastersteine. Ich weiß nicht mehr, wo ich war. Aber die ganz, ganz deutliche Erinnerung an die Rückkehr, den Fall ins Fleisch.

Hat das etwas mit der Erbsünde zu tun? Diesmal nicht heftig, abrupt, erschreckend. Sondern fast wie eine echte, freundliche Heimkehr. Komisch, zum ersten Mal habe ich das genossen. Ich wollte noch nachts alles aufschreiben, war aber zu müde. Weiß nicht, was ich nun alles vergaß. Dachte vor dem Einschlafen lang an den sterbenden Alexander Lernet, den ich sehr liebe. War ich bei ihm?

Berlin, 7. Mai

Stiegen bei Gerty Blacher ab. In der Nacht mehrere Exkursionen. Wiesen, die sich mit rasender Geschwindigkeit direkt unter mir bewegten. (War ich in Rindlberg? Dachte beim Einschlafen, ich möchte meinen kleinen Kater besuchen.) Ein immer eindringlicher wiederkehrendes Traumbild, eine Botschaft in Wort und Bild: »Die Steine schmelzen und bewegen sich. Die Steine wandern.« Ich berührte die heißen, zerschmelzenden Steine. Dazu immer wieder diese Worte. Beim Erwachen glaubte ich noch, meine Seele wäre mit diesen Steinen gemeint. Aber um 10 Uhr vormittags erfuhr ich von dem großen Erdbeben, das nachts in Italien war.

Rindlberg, 11. Juni

Um 5 Uhr herum erwachte ich und holte unseren kleinen Kater ins Haus. Ich schlief weiter, und der Kater auch. Auf meinem Kopfkissen. Später merkte ich, daß ich wieder in der Starre gefangen war. Hatte Angst, der Kater würde bemerken, wenn ich aussteige, und mich – selbst erschrocken – erschrecken. Versuchte daher, zu bleiben und im Normalzustand zu erwachen. Quälte mich lang und vergeblich. Ließ mich endlich los und stieg auf. Es war wie ein dunkler Himmel mit Myriaden winziger Lichter oder Sterne. Und über den Lichtern, in der Mitte, ein großes, wunderbares Licht. Nicht so golden wie die Sonne, nicht so silbern wie der Mond. Vielleicht in der Mitte? Dreidimensional! Und irgendwie fast transparent. Auf dieses Licht über mir bewegte ich mich zu und zu. Was dann geschah, weiß ich nicht mehr. Sanftes Erwachen. Kater hat nichts bemerkt.

Rindlberg, 12. Juni

Erinnere mich an keine Exkursion. Nur an eine höchst unsanfte Landung im Körper. Wie ein falsch und abrupt aufsetzendes Flugzeug. Hatte Schock, trug ihn jedoch mit Humor.

Rindlberg, 15. August

Heute kam Hirsch-Hirsch, der Tänzer und Choreograph Bernhard Wosien, den Gottfried noch aus seiner Berliner Zeit kennt, auf Besuch. Als ich ihn sah, wußte ich, daß ich ihn längst kenne. Aber woher? Dann, mitten im Gespräch, sagte er plötzlich: »Wie oben, so unten.« Er sagte es dreimal, denn sein ganzes Denken dreht sich darum. Ich aber saß da wie erstarrt. Denn vor mehr als zwei Jahren, am 15. März 1974, war er mir nachts erschienen und hatte dieselben Worte dreimal zu mir gesagt. Dasselbe alte, indianische Gesicht! Ich deutete es an, er schien nichts zu wissen. Bei anderer Gelegenheit erzählte er mir, daß er glaube, in einem früheren Leben Schamane gewesen zu sein.

Rindlberg, 21. August

Heute nacht eine Ausfahrt zu Prof. F. Hatte am Nachmittag plötzlich daran gedacht, es zu versuchen, und dann sofort wieder vergessen. Aber es geschah.

Rindlberg, 26. August

Heute besuchte uns Lacy von Kovats, (Wien 4, Phorusgasse 2). Er übernachtete bei uns und sagte beim Abendessen noch, jetzt würde er endlich erfahren, ob ich wirklich spuken kann oder nicht. Da ich glaubte, es nicht mehr zu können, verschwendete ich keinen Gedanken daran. Aber am Morgen beim Frühstück war er sehr ernst. Er hatte Schlaftabletten genommen und war trotzdem dreimal davon erwacht, daß ich plötzlich in seinem Zimmer war und seine Hand ergriff. Dann levitierte ich seine Decke, sie hob sich an allen vier Enden gleichzeitig in die Luft und blieb da schweben. Zuletzt packte ich ihn gar bei der Nase und hielt sie zu, daß er glaubte, ersticken zu müssen. Er erwähnte noch, daß er bei jedem Aufwachen heftiges Herzklopfen hatte, ein Beweis, daß er nicht natürlich erwacht, sondern geweckt worden war.

Rindlberg, 27. August

Obwohl Herr von Kovats schon in Güssing ist, habe ich nochmals seine Decke levitiert.

Rindlberg, 5. September

Eine große Ausfahrt, von knatternden Geräuschen rechts von mir in der Nordecke meines Zimmers begleitet. Erwachte in der Starre, hielt aber meinen kleinen Kater Wui Wui, der bei mir schlief, im Arm. Fürchtete, ihn zu erschrecken oder von ihm erschreckt zu werden. Riskierte es dann doch und ließ mich los. Seligkeit beim Aufstieg und Flug, Landschaften, die in rasender Geschwindigkeit vorübersausten, immer wieder unterbrochen durch Bewußtlosigkeit oder Lücken in meiner Erinnerung. Versuchte es mit Prof. F., da ich ihn für ein Medium halte. Kam zu seinem Haus, das ich mir einzuprägen versuchte. Traf mehrere Personen darin an, deren eine ich fragte, ob sie wirklich im Fleisch anwesend wären. Nein, entgegnete die Person, männlich, sie reisten wie ich.

Rindlberg, 15. November

Heute nach dem Mittagessen, es schneite schon, legte ich mich in den Liegestuhl, den Kater Wui Wui auf meinen Knien, und schlief ein. Das dauert für gewöhnlich 10 bis 20 Minuten, und ich bin wieder frisch. Also, ich wurde starr. Vergaß wieder, was es bedeutet, und mühte mich verzweifelt um eine Bewegung ab. Viele Schritte im Zimmer, obwohl ich durch einen Augenspalt wahrnehmen konnte, daß es leer war. Fühlte sehr stark die Anwesenheit meines verstorbenen Vaters und hörte seine Schritte, seine Stimme. Wünschte, er würde mich wecken. Aber mir fiel ein, daß er ja tot ist, und wenn er mich weckte, würde ich auf der anderen Seite erwachen. Spürte die Anwesenheit von Gottfried und meiner Mutter. Hatte die ganze Zeit Angst wegen des Katers, da völlig hilflos. Und wie würde er auf Astrales reagieren? Nun, er schlief friedlich. Als mir wieder bewußt war, daß ich mich verlassen könnte, stieg ich sofort auf. War herrlich! Tauchte in etwas Goldenes ein. Auch, einmal, in eine Sphäre aus Wasser. Und immer die Schritte links unter mir. Dann weckte mich Gottfried. Ich wollte erwachen, wollte es aber zu prompt und war wieder starr. Stieg also nochmals auf und landete dann ganz behutsam im Körper. Gleich darauf weckte mich Gottfried wirklich, genauso, wie ich es kurz vorher – aber da war er noch in seinem Zimmer – erlebte. Sah auf die Uhr. Zweieinhalb Stunden waren vergangen und ich erschöpft und wie aus Blei. Die Müdigkeit blieb.

Rindlberg, 16. November

Heute nacht um 4 Uhr sah Gottfried wieder ein strahlend weißes Licht in seinem Zimmer, von der Größe einer Kinderfaust, aber weit ausstrahlend. In 5–6 Sekunden verglühte es. Er sah es links von seinem Bett, das ist südseitig, vor – aber nicht an – der Wand, die, durch einen kleinen Vorraum getrennt, in mein Zimmer führt. Ich selbst fühle mich krank, hatte eine üble Nacht und keinerlei Erinnerung.

Rindlberg, Dezember

Zwei Erlebnisse. Eines erschien mir besonders wichtig. Trotzdem zögerte ich das Notieren Tage hinaus – und hab es vergessen. Merke überhaupt, daß diese Seite des Lebens vom normalen Bewußtsein nicht oder kaum gespeichert wird. Lese ich in diesem Tagebuch, ist alles mir fremd und neu.

Das zweite Erlebnis prägte sich, seltsam, intensiv ein. Die Starre, verbunden mit physischer Angst. Ich nehme an, der Blutdruck senkt sich in solchen Situationen gewaltig. Ich stand auf, ging im Zimmer zu meiner Handtasche und kramte nach dem

Coramin-Fläschchen. (Kreislauf-Präparat) Und merkte, daß ich dies alles nicht im gewöhnlichen Leib tat. Obwohl mitten in der Nacht, konnte ich im Dunkel sehen. Trat ans Fenster – an eins, das in Wirklichkeit von meinem Schreibtisch verstellt wird, und es war auch höher als sonst! Schaute hinaus – alles war von einem wunderbaren Licht erfüllt. Kein Mond- oder Sternenlicht. Alles strahlte, und die Farben waren von ungewöhnlicher Leuchtkraft. Normalerweise hätte ich zwei weiße Schafe, Rosabella und Mathilde, auf einer weißen, verschneiten Wiese sehen müssen. Nur: an ihrer Stelle erblickte ich zwei wundervolle schwarze Pferde mit einem tiefen, pelzigen Fell auf einer smaragdgrünen Wiese. Das Bild war so schön, daß es sich mir tief einprägte. Dann verlor ich das Bewußtsein. Oder die Erinnerung. Nur, es war kein Traum. Wirklich nicht. Welt ist vielleicht, wie in fremde Sprachen, in viele Wirklichkeiten übersetzbar. Warum sollten weiße Schafe nicht auch schwarze Pferde sein und Schnee nicht zugleich Sommergras? Und es geht noch immer eine Beglückung von diesem Gesicht aus. Merkwürdig.

* * *

Schlafwandler

Alexander Lernet war der Dichter Lernet-Holenia, der eines Abends in seiner Wohnung in der Wiener Hofburg seinen Kopf an meine Schulter lehnte und sagte: »Sterben ist gar nicht so leicht.« Und wie kaum ein anderer kannte, erkannte er in seinen Büchern, die ich zu den schönsten zähle, den Tod! Es genügt also nicht, zu erkennen? Genügt nicht, zu wissen? Bis zuletzt sind wir Sehende und Blinde zugleich. Das ist unser Jammer. Aber das ist auch die schöpferische Paradoxie unerer Natur, die sich, zwischen immer neuen Gegensätzen schwankend, entfaltet. Wie eine Sonne geht die Gnade in uns unter und auf.

Die Geschichte mit Hirsch-Hirsch verstehe ich selbst nicht. Am besten, ich deute sie mit einer anderen Geschichte: Als Arnold Keyserling in Kalkutta lebte, besuchte ihn eines Tages ein Mann, den er nicht kannte, und bat um Unterweisung in der Kunst der Seelenreise. »Ich kann Ihnen«, sprach unser Graf, »leider nicht dienen. Ich weiß selbst nicht, wie man es macht.« Betrübt ging der Mann fort und kehrte am nächsten Morgen freudig zurück. »Heute nacht«, sagte er, »zeigten Sie mir, wie man den Körper verläßt. Jetzt kann ich fliegen!« Dankbar drückte er dem verdutzten Arnold einen Beutel voll Rupien in die Hand. »Und?« fragte ich, als er mir die Geschichte erzählte. »Hast du das Geld genommen?« Er nickte. »Weiß ich, was ich in der Nacht tu?« Wir wissen es wirklich nicht! Alle. Beinahe alle...

Oder hätte ich wissentlich dem Baron Kovats, einem Herrn mit großem Ambiente und einschüchternd guten Manieren, die Decke gelüpft? Und bei allem Sinn für Schabernack, nein! Niemals hätte ich ihn an der Nase gepackt. Unser nächtliches Double ist sehr unbekümmert und durch keinerlei Erziehung gestört. Mit »nächtlich« meine ich aber keine Uhr- sondern eine Seelenzeit, eine Begegnung der dritten Art mit uns selbst.

Professor F., der sich selbst gern einen Blumenprofessor nennt, ist O.W. Fischer, der Schauspieler, der Liebhaber einer vergangenen Zeit. Ich lernte ihn kurz vorher in Baden-Baden kennen, wo er mit Maria Schell meine »Teerosen« drehte. Er lud mich für den Morgen nach der Pressekonferenz in sein Hotel ein, wo ich, statt zu frühstücken, vor lauter Aufregung mehrere Calvados trank. Ich erinnere mich nur, daß wir zuletzt nebeneinander auf der Hoteltreppe saßen, in ein völlig wahnwitziges Gespräch über Engel vertieft.

Seither sind wir Freunde.

Das Spektrum der Materie

Natürlich frage ich mich immer wieder, wer oder was eigentlich aus meiner Haut fährt, und wohin? Nehmen wir an, es gibt ein Spektrum der Materie. Entweder fließen wir durch dieses Spektrum hindurch, können in jeder seiner Frequenzen erscheinen, und in jeder anders. Oder wir sind in allen gleichzeitig existent, und nur unsere Wahrnehmung wandert. Beide Versionen bedeuten nicht unbedingt, daß unser Bewußtsein etwas von diesem Spektrum Getrenntes ist. Ich vermute es manchmal. Aber es könnte auch sein, daß unser Bewußtsein selbst dieses Spektrum der Materie ist, das Spektrum des Lichts.

Wenn wir den Zustand, in dem wir uns selbst wahrzunehmen gewohnt sind, nicht für absolut, sondern für ebenso relativ wie jeden anderen halten, gibt es überhaupt kein Problem. Warum sollten wir unsere Position nicht im Spektrum verändern? Schließlich verändern wir sie ja auch fortwährend im Raum und der Zeit. Um darüber nicht den Verstand zu verlieren, haben wir Kalender und Landkarten erfunden. Aber ist die Verwandlung vom Kind in den Greis nicht viel sonderbarer, als sich nachts zu verdoppeln? Und mindestens ebenso unbegreiflich, New York jederzeit mit Moskau oder der Wüste Sahara zu vertauschen, als Schafe mit Pferden?

Die vielen Leiber unseres Lebens! Nein, unser Tag ist um nichts weniger seltsam als unsere Nacht. Zeitlebens sind wir damit beschäftigt, unsere Wirklichkeiten zu vertauschen, unsere Welten, uns selbst. Identität? Eine diskontinuierliche Erinnerung...

Tierprinz und Tod
1977/1978

Rindlberg, 21. August 1978

Heute starb Wui Wui. Ein Auto hat ihn überfahren. Ich widme ihm dieses Tagebuch, denn der kleine schwarze Kater mit den goldenen Augen war einer der besten und liebsten Freunde. Wir haben ihn hier begraben, und wenn ich im März 1988 sterbe, soll die Urne mit meiner Asche zu ihm in die Erde kommen. Gottfried und ich haben den Platz gemeinsam für Wui Wui und mich ausgesucht.

In den letzten eineinhalb Jahren waren meine Ausfahrten – oder die Erinnerung daran – seltener.

Eines Nachts bat ich Boris Blacher, mir zu helfen, wie ich es so oft im Leben tat, wenn Gottfried eine besonders schlimme Trinkperiode hatte. Ich schlief ein und erwachte wieder: jemand hielt meine Hand. Erst dachte ich, ich wäre es selbst. Aber keineswegs. Ich fühlte die Hand lange Zeit. Und am nächsten Tag hatte Gottfried zu trinken aufgehört.

In der Nikolaigasse, unserer neuen Wohnung, hatte ich mehrere Ausfahrten. Ich weiß, daß ich während einer Ungeheures, noch nie Erfahrenes erlebte. Ich wollte es noch nachts notieren, war aber zu müde. Und am nächsten Morgen war jede Erinnerung erloschen.

In der Nacht vom 26. zum 27. April 1978, etwa um 2 Uhr, setzte ich mich plötzlich im Bett auf und sagte (oder hörte ich die Stimme in mir?): »Wenn ich siebenundfünfzig bin, sterbe ich.« Kleine Pause, dann: »Im März.« Ich stand sofort auf und schrieb es auf die letzte Seite unseres Kalenders. Ich hatte keinerlei derartigen Fragen gestellt. Die Information fiel wie eine Münze aus einem Schlitz. Völlig ohne jede Emotion. Diese Emotionslosigkeit ist für mich stets das Zeichen, ob eine hellseherische Information stimmt oder nicht. Ohne Gefühl stimmt es immer. Obwohl die nächsten Tage unter einem gewissen Schock standen, bin ich glücklich, das Datum zu kennen! Einverstanden und ausgesöhnt mit meinem Tod in neuneinhalb Jahren.

Am 11. Mai flog ich nach Düsseldorf. Im Flugzeug betrachtete ich meine Handlinien, denn am Abend vorher hatte mich Frederico Pallavicini besucht und vorher Hugo Schönborn. Schönborn sagte mir, eine Insel in meiner Hand bedeute jahrelange Krankheit, und Pallavicini meinte, ein Strich darin brächte Malheur. Die neun Jahre schienen auf einmal erschreckend zu schrumpfen. Vielleicht noch ein oder zwei Jahre Gesundheit, und dann? Ich machte mir Sorgen. Wünschte mir, mehr über die Handlinien zu erfahren. In Mühlheim erzählte ich meiner Verlegerin, Dr. Krista Jussenhoven (S. Fischer) die ganze Geschichte. Und auch, daß ich jemanden suche, der die Hand lesen kann. Am 12. morgens saß ich im Flugzeug nach Wien. Dieselbe Maschine, der gleiche Platz. Ein blondes junges Mädchen setzte sich neben mich. Als wir bereits flogen, bat sie mich, ihr meine Hand zu zeigen. Sie würde mir gern die Linien deuten, sie verstünde das, hätte es studiert. Kein Wort war vorher zwischen uns gefallen. Sie sagte, alle Übel wären durch Schutzquadrate verwandelt. Keine Krankheiten, kein Malheur. Obwohl sie mir ihre Visitenkarte gab, hielt ich sie für einen Engel.

Am 18. Juli dieses Jahres kam William Fisher mit seiner Frau Dolores aus New York an. Wir quartierten ihn bei unserer Nachbarin, Frau Kuttner, in Rindlberg ein. Er ist Komponist und für meine Begriffe ein echter Schamane. In der Nacht vom 18. auf den 19. Juli hatte ich etwa ein Dutzend Ausfahrten. Es war wild! Und zum ersten Mal, so schien es mir wenigstens, fuhr ich nach rückwärts durch den Hinterkopf aus, sehr schnell und horizontal. Und obwohl ich William Fisher aufsuchte, hat er mich nicht bemerkt. Als ich ihm davon erzählte, sagte er: »Es funktioniert nicht ganz auf diese Weise.« In den nächsten Tagen versetzte er mich in Trance, damit ich meinen Körper verließe. Meinem Gefühl nach hab ich ihn aber nicht verlassen. Wie solche Gefühle täuschen, sollte ich noch erfahren: Am 25. Juli versetzte er mich zwischen 5 und 7 Uhr nachmittags dreimal in Trance. Ich glaubte nicht, außerhalb meines Körpers gewesen zu sein. Nach dem dritten Mal erzählte ich ihm, völlig zusammenhanglos, von meinem ersten Mann und seiner zweiten Frau Margit, die ich sehr gern habe. Am 31. Juli besuchten uns Hugo und Margit in Rindlberg, und Margit erzählte: Sie hätte am 25. Juli an ihrem Schreibtisch in ihrem Zimmer gesessen. (Zimmer und Schreibtisch waren 16 Jahre lang meine!)Plötzlich zwischen 6.30 und 7 Uhr abends, hätte sie etwas Kaltes angeweht, sie hätte gefröstelt, und ich wäre direkt neben ihr gestanden. Sie hätte mich nicht gesehen, aber sie hätte es gespürt und gewußt und entsetzliche Angst gehabt. »Aber vor der Lotte muß ich mich doch nicht fürchten«, beruhigte sie sich selbst. »Es ist ja die Lotte, die ich kenn'!« Als alles vorbei war, erzählte sie es sofort ihrem Mann Hugo, der sie zwar für verrückt hielt, aber die Geschichte bestätigen konnte. Ich *war also dort*!

Meine eigenen Gefühle um diese Zeit: Frieden, eins mit allem, Wunschlosigkeit. Wie wenig wissen wir von uns selbst!

Rindlberg, 22. August 78

Ich überlege, eine kleine Käterin für den allein zurückgebliebenen jungen Kater Mümmi anzuschaffen. So könnte Wui Wui als Katzenjunges wieder zu uns zurückkehren. Mach ich es richtig? Mach ich es falsch? Möchte Wui Wui wieder bei uns zur Welt kommen? Oder kränkt er sich, wenn eine neue, fremde Katze ins Haus kommt? Also ging ich zu seinem Grab, erklärte ihm alles und bat ihn, mir ein Zeichen zu geben. Eine viertel oder halbe Stunde später stand Karin Schwarz vor der Tür und fragte, ob wir nicht eine kleine Katze haben möchten. Sie hat zwei, die sie bis zum Wochenende – sie kehrt dann zurück nach Wien – irgendwo unterbringen muß. Ein Zeichen? Und wie! (Karin Schwarz, die ein Haus in Reichenau hat, wußte natürlich noch nichts von Wui Wuis Tod.)

Rindlberg, 24. August

Heute, 10.15 Uhr, hat Wui Wui sich von seinem lieben Körper getrennt. Ich wendete Heu von 9 Uhr an rund um sein Grab. Nebel, Novemberwetter. Und plötzlich im ganzen Tal und ums Grab ein Gezwitscher, ein Brausen, ich weiß nicht was. Als käme es aus der Erde und stiege in die Luft. Eher wie ein Zischen begann es, an allen Stellen zugleich. Dann kreiste ein schwarzer Vogel um das Grab, so tief, daß er die Erde zu berühren schien, erhob sich in die Luft und verschwand. Dies muß genau um die Zeit gewesen sein, als Wui Wui vor drei Tagen getötet wurde.

Ich weiß natürlich, daß man mich dieser Geschichte wegen für verrückt halten wird. Nur: Katze, Grab, Vogel – gibt es das an sich? Nein! Es gibt Energie. Felder. Geist. Und wir übersetzen das in Ereignis und Bild. Habe ich richtig übersetzt? Ich glaube schon.

Am frühen Nachmittag rief Karin Schwarz an, ich könnte die kleine Katze holen. Was ich tat. Sie heißt jetzt Gättchen.

Rindlberg, 28. August

Sind alle Personen (auch pflanzlicher, auch tierlicher Art!) nicht vielleicht lauter verschiedene *Zustände* einer einzigen Person? Gestern abend schien es mir so.

Als ich heute nach dem Mittagessen schlief, wußte ich plötzlich beim Erwachen: Raum, Zeit – das Leben ist wie das Fahren in einem Zug. Und wenn man stirbt, steigt man aus und macht Station. Die Stationen sind wichtig. Sie sind stets die Summe der bisherigen Reise. Man steigt gewissermaßen in sich selbst aus. Hat man alles auf dieser Station erforscht, reist man weiter. Bis zur nächsten. So ähnlich wird wohl die Reinkarnation sein. Zeit ist Bewegung und nichts anderes als unsere Fahrt. Im großen betrachtet, gilt dies wohl für die ganze Evolution.

Rindlberg, 6. September

Heute nacht zwischen 3 Uhr und Morgen – es war aber noch ganz dunkel – hat Wui Wui gespukt. Um 2.30 Uhr holte ich den

Kater Mümmi zu mir. Er schlief zu meinen Füßen und Gättchen an meiner Wange. Wir schliefen alle drei. Plötzlich erwachte ich. Die Gegenstände auf meinem Nachtkästchen klapperten laut. Auch Gättchen und Mümmi hatten sich aufgerichtet und lauschten. Erst wollte ich das Licht anknipsen. Dann dachte ich: Wui Wui? Und unterließ es. Bald darauf wurden die Füllfedern und Bleistifte auf meinem am Fußende des Bettes stehenden Schreibtisch hin und her gerollt. Eine Maus? dachte ich. Aber dann wäre Mümmi, der ein großer Mäusefänger ist, längst hingesprungen. Da roch ich plötzlich Wui Wuis typischen Geruch, den ich so liebte. Er hatte ihn vor allem, als er noch jünger war. Ambra? Moschus? Ich weiß nur, daß ich so gern an ihm schnupperte. Trotzdem dachte ich: Vielleicht Gättchen? Denn sie saß neben meinem Kopf. Ich roch an ihr. Ein netter, aber völlig anderer Geruch. Ja, und während der ganzen Zeit hatte ich an der Nasenwurzel ein Jucken und Kitzeln und Ziehen, das sich bis in die Stirnmitte erstreckte. Auch hörte ich auf dem Fußboden vor dem Ofen die typischen Laute eines sich putzenden Kätzchens. Ohne Licht zu machen – die Sterne schienen durchs Fenster über meinem Bett, so daß ich ein bißchen sah – schliefen wir alle drei wieder ein.

Fakten: Wui Wui pflegte, als er noch kleiner war, mit den Gegenständen auf meinem Nachtkästchen, besonders der Uhr, zu spielen. Und er liebte es, die Füllfedern und Bleistifte auf meinem Schreibtisch hin und her zu rollen. Und er pflegte sich vor dem Ofen zu lecken.

Eine Sinnestäuschung? Aber Kater und Kätzchen wurden auch davon geweckt!

Rindlberg, 8. September

Heute nacht rumorte es, so berichtete Gottfried am Morgen, im Haus. Lärm, Schritte, Getrappel. Und weibliche Stimmen im Korridor. Ich schlief und hörte nichts.

Rindlberg, 9. September

Ich spuke wieder! Um 0.25 Uhr nachts sagte meine Stimme laut neben Gottfrieds Bett: »Streichle mich!« Gottfried war so entsetzt, daß er das Licht anknipste. Natürlich sah er nichts. Aber ich erinnere mich an nichts! War auch nicht auf. Beide Katzen schliefen in meinem Bett. (Mümmy und Gättchen) Ja, und das ganze Haus war, so Gottfried, wieder voll von Schritten und Lärm. Und Gottfried schlief noch nicht, als er die Stimme hörte. Und den Krach. Nach der Stimme waren wieder Schritte.

Rindlberg, 15. Oktober

Schlief schlecht. Erwachte um Mitternacht herum, las bis nach 3 Uhr. Schlief dann ein. Gättchen, die kleine Katze, bei mir. Die Starre. Machte mir Sorgen wegen der Katze, daß sie erschrecken und mich anspringen würde. Stieg auf. Hinein in die Sterne. Keine Erinnerung mehr. Nur beim Landen: jemand hielt meine Füße. Dies zum ersten Mal bewußt erlebt. Empfindung vollkommen deutlich. Korrektur: erster Aufstieg ohne Gättchen. Erst beim zweiten kam sie inzwischen zu mir ins Bett. Hielt ihr Pfötchen in meiner Hand. Dann neuerliche Starre. Und die Sorge. Versuchte, sie im voraus zu beruhigen. War auch alles in Ordnung. Keine Erinnerung an den Aufstieg. Aber bei der zweiten Landung wurden nicht nur meine Füße, sondern auch meine beiden Hände sanft, aber fest gehalten. Kontroll-Gefühl: gleichzeitig spürte ich das kleine Katzen-Pfötchen daneben in meiner Hand.

Noch ein Nachtrag: als ich vorletztes Mal nach Wien fuhr und morgens den Koffer packte, überlegte ich kurz, ob ich dieses okkulte Tagebuch einstecken sollte. Verwarf es, da, wie ich verbal dachte, »okkulte Sachen sowieso fast nur in Rindlberg passieren«. Prompt auf die Sekunde, kam die Antwort: meine am Vorabend gelöschte Schreibtischlampe entzündete sich von selbst! (Kein Wackelkontakt, und ich selbst acht bis zehn Schritte von der Lampe entfernt.)

Rindlberg, 17. Oktober

Heute früh berichtete Gottfried: nach 2.30 Uhr morgens hörte er meine Stimme an seinem Bett: »Lieben« (Pause, etwa 1–2 Minuten, dann, laut und kindlich) »Lassen!« Dies wiederholte sich nach etwa 10 Minuten. Ungefähr eine halbe Stunde später fing es in seinem Zimmer laut zu gluckern an. (Der Ofen war es nicht, das hat er sofort untersucht.)

Ich selbst weiß nichts davon. Hatte schlechte Nacht. Vollmond? Grübelte tatsächlich über das Problem der Liebe.

Rindlberg, 19. Oktober

Heute nacht hatte ich einen apokalyptischen Traum. Obwohl erwachsen, lebte ich noch in der elterlichen Wohnung. Da war *das Tier*. Sah aus wie eine Riesenschildkröte, dunkelbraun, ohne Panzer, mehr als halb so groß wie ein Mensch. Verfolgte uns. Überhaupt viele Tiere à la Bosch. Ich schaute durchs Fenster, mein – gestorbener – Vater stand hinter mir und machte mich auf eine fliegende Untertasse aufmerksam. Ich erblickte sie. Und gleich darauf sah ich dreieckige, viereckige und auf dem Kopf stehende Häuser durch die Luft fliegen. Die Gewißheit einer unmittelbar bevorstehenden Katastrophe. Aber nicht alle teilten sie, und nicht alle konnten die Ufos sehen.

Ein anderer Traum, er liegt bald zehn Jahre zurück, und ich fand die Notiz:

Drei offene Gräber in einem Hotelzimmer. –
Ich lege unsere silbernen Bestecke zu Häupten der Gräber nieder. –
Spielende Kinder stehlen die Bestecke. –
Gottfried fliegt mit zwei Fremden nach Prag, bleibt die Nacht fort. –
Ich bleibe allein mit den Gräbern. –
Angst. –
Sehnsucht, in die Stätten der Kindheit zu reisen. –

Die Bilder waren übrigens wie aus einem Film von Buñuel und von irrealer Eindringlichkeit.

Mainz, 2. November

Nächtlicher Traum:

Bauernhaus auf Bahnhof mit See.
Auf dem Grund des Wassers tote Katze.
Steigt auf und lebt!
Eine Ente läuft mir zu.
Ein roter Schakal mit schwarzem Kopf auch.
Er verfolgt mich und beißt mich dreimal in die Hand.
Dann steigt er auf den Dachboden und spielt mit unseren Katzen.
Drei blutige Male auf meiner Hand.
Aber ich will den Schakal behalten, er gefällt mir.
Frage alle Leute, ob die Wunden gefährlich sind?
Niemand weiß es.
Da kommt mein toter Freund Herbert Zand wie ein Tänzer strahlend auf mich zu. Beruhigt mich, die Wunden sind nicht gefährlich. Tanzt weiter.
Ich möchte den Schakal füttern, wenn er vom Dachboden kommt, damit er bei mir bleibt.
Aber ich weiß nicht, was Schakale fressen.
Als ich aufwache, weiß ich es: Leichen.

Rindlberg, 19. Dezember

Heute nacht 2.30 Uhr wieder in der Starre erwacht, Arm lag ungünstig, Blut abgeschnürt. Wollte zuerst versuchen, in den beweglichen Zustand zu kommen, überlegte mir's aber und dachte, ach was, ich gehe einfach vom Körper fort. Und so geschah es. Sonderbare Erinnerungen, auch an meinen Bruder. Aber ich flog nach New York zu William Fisher. Weiß nicht mehr, ob ich ankam. Um 3 Uhr früh sah Gottfried ein kleines Licht in seinem Zimmer.

Rindlberg, 25. Dezember

Heute abend kamen Gottfried und ich zufällig im Gespräch darauf, daß jeder von uns seit vier Tagen zeitweise Stimmen in seinem Zimmer hört. Viele, sehr leise und undeutliche Stimmen. Was sie sagen, verstehen wir nicht. Ich überprüfte mehrmals mein Radio, da ich dachte, ich hätte es versehentlich leise laufen lassen. Was nicht der Fall war. Während Gottfried vorgestern herüberrief, mit wem ich mich in meinem Zimmer unterhalte? Ich achtete aber nicht darauf, kam gar nicht auf die Idee, daß es bei uns beiden dasselbe Phänomen sein könnte.

* * *

Katzen

»Heute haben wir einen kleinen Kater bekommen«, erzählte Gottfried seinem Freund Fritz Wotruba, dem Bildhauer, am Telefon. »In spätestens drei Wochen«, prophezeite Fritz, »bist du sein Untertan.« O, es war noch viel früher! Wotruba mußte es wissen. An der Tür seiner Wiener Wohnung in der Blutgasse stand unter seinem Namen ein zweiter: »Von Pelzl«. Es war unser letztes Telefongespräch. Wir verabredeten für die nächste Woche ein Treffen in Wien, und wir waren alle sehr pünktlich. Nur, Wotruba kam im Sarg. Für unser Wiedersehen hatte er genau Tag und Stunde seines Begräbnisses genannt.

Der junge Kater kam vom Pfarrhof des Nachbardorfs, und weil er immerzu Wui-Wui sagte, nannten wir ihn so. Waren wir verliebt ineinander! Er folgte mir auf Schritt und Tritt und wartete, wenn ich Gottfried besuchte, geduldig vor der Tür. Wenn er mit seinem Feind kämpfen mußte, einem dicken Grauen, half ich ihm dabei. Mit Drohgeschrei meinen Pantoffel schwingend, lief ich in Vollmondnächten über die Wiese, und gemeinsam schlugen wir den Gegner in die Flucht. Die hochgemute Rückkehr ins Haus, ich im Pyjama, er mit triumphierend erhobenem Schweif...

Eines Morgens piepste etwas im Gras. Wir suchten den vermeintlichen Vogel und fanden Mimi, Mümmy, Mumbuduku Bumbuwu. Winzig, grünäugig und schwarz. Mit einem weißen Schürzchen wie ein Stubenmädel. Bestimmt hat ein gutherziges

Kind ihn heimlich zu uns gebracht, damit er nicht ertränkt würde wie seine Geschwister. Wui Wui raste vor Eifersucht. Er, der schon hinter den Strauch ging und klagte, wenn ich die Schafe streichelte oder Sir Alfons, das Kaninchen! Tragische Wochen vergingen. Dann, ganz plötzlich, nahm der große Kater den kleinen wie eine Mutter an sein Herz.

Wui Wui, Mümmy, Gättchen. Von meinen Tränen begleitet, sind sie aus ihren Katzenträumen gesprungen und irgendwo zwischen den Sternen verschwunden.

Welcher Dünkel, die Unsterblichkeit der Seele für sich selbst zu beanspruchen, und die Tiere auszuschließen vom Paradies. Wie kommt der Mensch auf die Idee, sich für die Krone der Schöpfung zu halten? Er ist jedem Tier überlegen, und er ist jedem Tier unterlegen. Wir sind eine bunte Gesellschaft auf dem Weg in die Ewigkeit. Stern und Baum, Ding, Mensch und Tier. Die lebendigen Scherben des zerbrochenen Spiegels. Und wenn er wieder ganz ist, gibt es Tier, Mensch und Ding, Baum und Sterne nicht mehr. Aber so lang es uns gibt, sind wir Kameraden, große und kleine. Frei, gleich und brüderlich!

Bunte Gesellschaft

Federico von Berzeviczy, werde ich das je richtig schreiben? Zum Glück heißt er auch noch Pallavicini und war, als ich ihn kennenlernte, der letzte Eigentümer der k. & k. Hofzuckerbäkkerei Demel am Kohlmarkt in Wien. Damals gab er ein Fest im Puppenhaus über der Konditorei, wo er lebte. Ein Kolibri im arabischen Kaftan, eine glattrasierte Fee mit korrektem Haarschnitt, ein bizarres Ungeheuer, eine Königin, ein älterer Herr. »Hol mir«, sagte Gottfried, »noch eine Flasche Champagner aus der Küche.« Und, mit einem aufmunternden Blick auf mein verschrecktes Gesicht: »In feinen Kreisen macht man das so.« O Gott, und ich hab ihm geglaubt. In der Küche stand ausgerechnet der Gastgeber selbst. Und keine Spur von Aufmunterung in seinem Blick, als er stumm eine Witwe entkorkte. Trotzdem wurden wir Freunde. Federico liebte es, am Morgen seinen Leib zu verlassen und in den Geistern dicker Marktfrauen zu nisten. Mir passiert es, irgendwann irgendwo zu sein. Er aber plant seine Reisen, als ob er ein übersinnliches Kursbuch besäße. Und schon als Kind, mir auch da überlegen, schwebte er über Treppen. Jetzt lebt er in New York und Paris. Nur ein paar leuchtende, exotische Bilder, die er gemalt hat, blieben an meinen Wänden zurück.

William Fisher ist Komponist, ein Schüler von Gottfried. Er reist nicht nur im Raum, sondern, und darum habe ich ihn glühend beneidet, auch in der Zeit. Einmal geriet er ins China des zwölften Jahrhunderts, oder war es das fünfzehnte? Jedenfalls, er sah nicht nur die Leute. Die Leute sahen auch ihn! Und als sie ihn sahen, einen amerikanischen Neger, rannten sie schreiend hinter ihm her. Nicht auszudenken, was ihm hätte passieren können! Doch ehe sie ihn erwischten, gelang dem Unglücklichen die Flucht in den Leib.

Mit Dr. Hugo Ingrisch, dessen zweite Frau Margit ich in Trance besuchte, war ich sechzehn Jahre lang verheiratet. Er ist ein nervöser, leidenschaftlicher und pedantischer Herr mit einem dunklen Mephistogesicht, der eine dreibändige »Philosophie der Vollkommenheit« geschrieben hat. Als ich ihn kennenlernte, war ich siebzehn und er zweiundvierzig. Ich betörte ihn sofort, denn statt Vokabeln zu lernen und meine Schulaufgaben zu machen, habe ich damals jede Menge Philosophen verschlungen. Unser erster Gesprächsgegenstand war Vaihingers »Als ob-Philosophie«. Dafür konnte ich weder nähen noch kochen und fühlte mich als männliche Ehefrau. Hugo, mein ungeduldiger Patriarch, hat viel Geduld mit mir gehabt. Mit Margit hat er schon mehr Glück! Eine hüsche Brünette mit Grübchen, lustig, gescheit, und sie kocht wie ein Engel. Ob Engel kochen? Egal. Jedenfalls habe ich Margit zu meiner kleinen Schwester ernannt, denn jünger als ich ist sie auch. Und genau so übersinnlich, da hat unser Mann Pech. Getreulich teilen wir alle Gespenster. Wir? Manchmal denke ich, es gibt in Raum und Zeit nur einen einzigen Menschen, der sich in alle andern verzweigt.

Die Verzweigung, die Karin Schwarz heißt, ist eine rotblonde Walküre mit goldgeränderter Brille. In der gleichen Nacht träumten wir einmal denselben Traum. Saturn mit dem Messer. Aber zu mir kam er als junger, und zu Karin als alter Mann.

Und Damian, mein lieber Damian. Eigentlich Hugo Graf Schönborn, aber einen Hugo hatte ich schon. Und so nannten wir ihn bei seinem zweiten Namen Damian. Er war fest davon überzeugt, ich hätte ihn vor längerer Zeit als römischen Sklaven gekauft. In diesem Fall muß ich ihn allerdings wie Zucker behandelt haben, denn er trug mir nichts Böses nach. Damian verheiratete Goethe mit Newton und schuf auf diese Weise eine wirklich interessante Farbenlehre, die er selbst praktizierte. Mit ein bißchen Geschäftsgeist wäre er ein reicher, berühmter Maler geworden. Wahrscheinlich hätte ich ihn dann nicht so gern gehabt. Grauhaarig, grauäugig, hochgewachsen und schlank streifte er durch das nächtliche Wien. Mit einer mystischen Hure, einer lesbischen Hutmacherin, einem englischen Geisterseher, und noch öfter allein. Statt Geld klimperten lauter Wunder in seinen Taschen, mit denen er seine Freunde freigebig beschenkte. Einmal rief er mich mitten in der Nacht an: »Ich weiß jetzt, wie sich die Steine bewegen!« Ich seufzte. »Langsam!«, triumphierte er. »Sie bewegen sich so langsam, daß wir nichts bemerken. Unser Leben ist dafür zu kurz. Steine existieren in einer anderen Zeit.« In welcher Zeit existiert Damian jetzt? Ich betrachte seine Bilder an der Wand. Das Bild vom anderen Stern. Das Bild von Atlantis. Und, zwischen Himmel und Erde, das Bild einer Landschaft aus Licht.

Nikolo

Schon immer hat dieses Wort den größten Zauber auf mich ausgeübt. Krampus und Nikolo, das ist natürlich ein- und dieselbe Person. Und heute noch warte ich an jedem 6. Dezember mit klopfendem Herzen auf ihn wie damals, als Kind. Sein Stab ist der des Hermes, des gnostischen Michael, der im Norden ein Auge opfert und Odin heißt. Wie ein verliebter Detektiv verfolgte ich seine Spur. Odin, Michael, Hermes, Nikolo. Meine Vierfaltigkeit!

Selbstverständlich mußte ich sie kaufen, die kleine Wohnung in der Nikolaigasse, wo einst das Nikolaikloster stand, nur durch die Blutgasse von den Türmen der Stephanskirche getrennt. Und hatte ich nicht soeben die Basler Uraufführung meiner »Geisterstunde oder Vorleben mit Nachteilen« an drei Fernsehstationen verkauft? Außerdem fürchtete ich mich in unserem riesigen alten Domizil in der Marokkanergasse, wo ich nachts immer diese schrecklichen Schritte hörte, sie kamen bis an mein Bett. Und dann Totenstille, während ich vor Entsetzen kaum wagte, zu atmen.

Auch Krampus! Der schwarze Teufel mit seiner Rute. Zuerst wurde Gottfried, der keine Schritte hörte, bitterböse auf mich. Dann kam die Premiere. »Trinken wir lieber jetzt Bruderschaft«, sagte ich nach der Pause zum Regisseur. »Nachher werden wir uns vielleicht nicht mehr kennen, es wird nämlich ein Flop.« »Unmöglich«, sagte der Regisseur. »Da, schon wieder Szenenapplaus! Und wie die Leute lachen...« Das ging in Ordnung, schließlich war es eine Komödie. Die Komödie der Reinkarnation. Der Vorhang fiel, ich verbeugte mich. Und das ganze Publikum stand wie ein Mann auf und schrie: »Buuuh!« »Tut uns leid«, sagten die drei Vertreter der Fernsehstationen. »Aber diese Produktion kaufen wir nicht.« Heiliger Nikolaus, nun hatte ich fast eine Million Schillinge Schulden.

Ich hab sie längst abgedichtet, die Million. Morgens um 6 Uhr saß ich bereits an der Schreibmaschine, und um Mitternacht sank ich todmüde in mein von doppelt gekreuzten Wasseradern geschädigtes Bett. Aber es hat sich gelohnt! Nikolai, Nikolo, Odin, Michael, Hermes. Hast du mir gesagt, wann ich sterbe? Immerhin bist du der Hirte der Seelen auf der Weide zwischen dem Dies- und dem Jenseits. Der Hüter der Schwelle, die mitten in uns liegt. Und wie kein anderer Gott hast du mein Leben verwandelt.

Blocksberg

1979

Rindlberg, 12. Jänner

Nach 3 Uhr heute nacht klingelte dreimal, und zwar ganz leise, das Telefon auf meinem Schreibtisch und weckte mich auf. Ich muß hinzufügen, daß hier nie ein Telefon auf meinem Schreibtisch steht oder stand, sondern, direkt vor meinem Zimmer, im Vorhaus.

Also, ich erwachte und flog mit ungeheurer Vehemenz in den Sternenhimmel hinein. Ich glaube mich aber undeutlich zu erinnern, daß um 3 Uhr früh – da schaute ich auf die Uhr – und im Morgengrauen keine Sterne am Himmel zu sehen waren. Also, ich flog mit einem ungeheuren Sog da mitten hinein. Ich weiß auch, daß ich Dinge erlebte, die ich noch nie erlebt habe. Wollte sie noch nachts notieren, war aber zu müde. Und jetzt sind sie weg.

Ich erinnere mich nur, daß der Fall zurück ungewöhnlich tief war. Übrigens war ich schon nach einem kleinen Mittagsschläfchen in der Starre erwacht, hatte aber ihre Bedeutung vergessen und machte mir große gesundheitliche Sorgen. (Lähmung.)

Nach der Sternenreise schlief ich noch einmal ein und träumte von meinem vor neun Jahren verstorbenen Freund Herbert Zand. Das heißt, ich wußte, daß er tot war, und mich dennoch besuchte. Er sah wieder jung und gesund aus. Ich erwachte, und eine sehr helle, wie Gold glänzende Gestalt stand links von meinem Bett. Leider war ich verwirrt, hatte wohl auch Angst. Ich tat, als hätte ich die Gestalt nicht gesehen, knipste das Licht über meinem Bett an und schaute erst dann wieder hin. Die Gestalt war verschwunden.

– Noch etwas: Vor wenigen Tagen vor dem Einschlafen nachts – ich blieb aber noch wach – liefen sehr schöne, aber völlig fremdartige Schriftzeichen auf einem weißen Streifen

(Rolle?) von oben nach unten an meinen Augen vorbei. Chinesisch war es, glaube ich, nicht. Hätte ich erkannt. Keilschrift? Ich habe nicht die geringste Ahnung. Aber es waren keine zufälligen, sondern streng geordnete Zeichen.

Rindlberg, 13. Jänner

Habe wohl heute nacht wieder gespukt. Gottfried beklagte sich beim Frühstück über zuschlagende Türen und anderen Krach. Aber ich lag wie ein Leichnam im Bett. Keine Erinnerung.

Rindlberg, 21. Februar

Heute nacht, genauer nach 5 Uhr früh, erwachte ich in der Starre. Zuerst vergaß ich, wie gewöhnlich, was es bedeutet und quälte mich sehr ab, der totalen Lähmung Herr zu werden. Dann erinnerte ich mich. War irritiert, weil ich auf der Seite lag. Steige gewöhnlich, auf dem Rücken liegend, auf. Bemühte mich, diese Position zu erreichen. Stieg dann sehr schnell auf. Merkwürdigerweise blieb ich dabei in geschlossenen Räumen. Erinnere mich an eine endlose Holzdecke, unter der ich horizontal flog. Dachte sehr an Gott. Wünschte, ihm zu begegnen. Fand mich in einer Kirche wieder. Weiß nicht, welcher Konfession. Noch, was sich dabei ereignete. Landete zugleich mit zwei jungen Frauen auf der Erde, in einer Art Scheune. War überrascht. Waren wir, fragte ich sie, denn die ganze Zeit über zusammen? Sie bejahten. Ich wollte ihre Namen wissen. Die eine nannte ihn. Die junge Perchter oder so ähnlich. (Nach der Rückkehr wußte ich es noch, sagte es ein paarmal auf, um es nicht zu vergessen, und vergaß es doch). Aber nicht die Frau, fügte sie hinzu, sondern die Verlobte. Sie schien vom Lande zu sein. Die andere, eine Wienerin, weigerte sich, ihren Namen zu verraten. Sie lachte nur sehr und erzählte von einem Flug nach Moskau, der ihr einen Lustschrei (warum?) entlockt hat. Noch viel anderes passierte, aber ich hab es leider vergessen. Erwachte im Körper und war wie betäubt. Offenbar stimmen die alten Hexengeschichten. Man reist auch in Gesellschaft.

Rindlberg, 6. März

Heute um 15.30 Uhr ist Damian (Hugo Graf Schönborn) gestorben. Letzten Mittwoch, den 28. Februar, haben wir Abschied voneinander genommen. Wir versprachen, einander im nächsten Leben wieder zu begegnen. Obwohl medizinisch nicht zwingend, wußten wir beide, daß es für diesmal vorbei ist. Natürlich war er seither viel in meinem Bewußtsein. Gestern wünschte ich mir sehr, ihn – so weit als möglich – auf seiner Todesreise zu begleiten. Ich bat alle – Damian, mein Bewußtsein, meinen Körper – darum.

Nachts träumte ich zuerst von einem Schloß, von dem ich im Traum wußte, daß es Damians Schloß war, und das unmittelbar an eine hohe graue Kirchenmauer grenzte, in die eine Heilige Familie – aber nicht lieblich sondern ernst, streng, überragend – eingelassen war. Genau war es so, daß diese Heiligen vis à vis vom ganzen Schloß waren, sein Aus- und sein Einblick. Und dieses Schloß ging – ohne story – auf mich über.

In einem zweiten Traum träumte ich, daß Gottfried und ich unser kleines Häuschen im Waldviertel verließen, um in einem anderen kleinen Haus zu leben. Beide Häuser waren nur durch einen großen Teich oder See voneinander getrennt. Vielleicht stand das neue Haus näher am Ufer. Seine Fenster waren von außen und innen verhangen. Ich erinnere mich, daß ich die Vorhänge innen und außen aufzog. Und da erst merkte ich, daß keine Sonne auf dieses Haus schien. Unser altes Haus schaute nach Süden, aber dieses nach Norden. Und direkt davor wieder die hohe graue Kirchenmauer mit den Heiligen...

Ich verbrachte den Vormittag matt, ich dachte, es wäre vielleicht der Frühling. Zwischen 11.30 und 12.30 Uhr schlief ich, dann stand ich auf, trank Kaffee und – schlief wieder ein. Was mir sonst nie passiert. Ich erwachte um etwa 15 Uhr. Keine Erinnerung an Träume, der Schlaf war sehr tief gewesen. Ich überlegte, ob ich weiterschlafen oder aufstehen sollte, und stand auf. Das war Damians Todesstunde. Ich glaube, ich hab ihn begleitet, so weit es ging. Und eines Tages werde ich mich daran erinnern.

Daß er gestorben ist, erfuhr ich erst um 5.30 Uhr von seiner Schwester Johanna.

Ich schlug ein Buch, das er mir empfohlen hatte und das ich noch nicht gelesen habe, auf. Die Stelle lautete: »Unsere Wortwahl entscheidet über Wahrheit und Irrtum, über Recht und Unrecht – ja über Leben und Tod. Michael Polanyi«

Da ich dies nicht für eine Botschaft hielt, schlug ich das Buch (Conrad Bonifazi, eine Theologie der Dinge) an einer anderen Stelle nochmals auf: »Und alles ist gegangen, der Körper gegangen, untergegangen, vollständig, fort, völlig gegangen....Es ist das Ende, ist das Vergessen.« (Aus The Ship of Death, in Selected Poems, London 1950)

Diese Botschaft wollte ich aber nicht annehmen, und so schlug ich ein drittes Mal das Buch auf:

»Zwischen mich und die Vergangenheit zog ich eine Mauer und bemühte mich, die kleinste Anregung und jede noch so geringfügige Gelegenheit zu schöpferischer Tätigkeit auszunutzen, die meine jetzige Umgebung mir bot.« (Admiral Byrd)

Dies war nun eindeutig eine Zurückweisung, ein Signal *Halt*.

Hinzufügen möchte ich, daß dieses Buch weder vom Tod handelt, noch aus Zitaten besteht.

Rindlberg, 11. April

Gottfried hört seit einigen Nächten (Fast-Vollmondzeit) wieder Stimmen im Haus. Genauer gesagt, er glaubt, daß es eine einzige Stimme ist, deren Geschlecht er nicht anzugeben vermag. Auch die Worte, die sie spricht, kann er nicht verstehen.

Ich selbst habe nachzutragen:

In der Nacht vom 22. auf den 23. März träumte ich, ich wäre in einem geschlossenen Raum. Erwin Thalhammer öffnete die Tür und trat ein. Ich dachte, er wäre vielleicht gestorben und wollte sich von mir verabschieden. Dies erschreckte mich nicht, im Gegenteil, ich freute mich über sein Kommen. Aber dann veränderte er sein Gesicht und verwandelte es ins Dämonische, und ich bekam Angst. Zum Glück bemerkte ich, daß ich auf dem Absprung war, meinen Körper zu verlassen. Aber obwohl ich sonst stets das Gefühl des Aufsteigens erlebe, sank diesmal der Raum oder die Welt um mich mit rasender Geschwindigkeit ab. Ich dachte: wenn ich mir ein Ziel wünschen darf, ich möchte zu einem Engel, zu einem Engel, zu einem Engel...

In diesem Augenblick sprang die kleine Katze Gättchen auf meine Brust, und ich erwachte sofort im Körper, schlug die Augen auf und – sah einen Engel neben meinem Bett, rechts von meiner Brust. Etwa dort, wo Gättchen abgesprungen sein mußte. Es war kein sehr großer Engel, und er war nicht weiß, sondern steingrau. Als ich ihn benommen anstarrte, löste er sich in Nichts auf. Nicht sofort und nicht gleichzeitig, eher wie Wolken sich auflösen, obwohl er eigentlich eher den Eindruck einer Steinfigur gemacht hatte. (Daß ich Gättchen küßte und fragte, ob es vielleicht ein Engel sei, ist ein privates Geständnis.)

In der Nacht des 27. oder 28. März fühlte ich in der Nikolaigasse in Wien, wie plötzlich beide Katzen, Mümmy und Gättchen, auf mein Bett sprangen. Ich spürte ihr zweifaches Gewicht auf meinem Körper und dachte verwirrt, wieso, sie sind doch in Rindlberg. Dann dachte ich, vielleicht habe ich die Räume, die Systeme vertauscht. Oder die Tiere. Warum eigentlich nicht? Natürlich wollte ich gern einen Beweis. Also hielt ich die beiden Tiere fest. Ich spürte, wie sie sich wehrten und vom Bett herunterspringen wollten. Aber ich ließ sie nicht. Dann machte ich sehr verstohlen die Augen auf. Ich wollte sie einfach ertappen. Aber mein Bett war leer, und ich hatte meine Hand, statt in ein Katzenfell, in die Luft gekrallt.

Kein Kommentar.

Rindlberg, 18. Mai

Gottfried erzählte mir beim Frühstück, heute nacht – etwa um 2 Uhr – hätte er schwere Schritte im Haus gehört, nicht aber, obwohl er darauf achtete, das Schließen und Öffnen von Türen. Auch wäre etwas Schweres zu Boden gefallen. Keine Stimmen.

München, 8. Juni

Am 5. Juni ist Herr Theodor Pfleiderer gestorben, abends. Am Nachmittag traf ich noch seine Tochter Gaby, da schien die Situation (Krebs, Wirbelsäule) keineswegs auf einen so schnellen Tod hinzuweisen. Zu meiner eigenen Überraschung bat ich Gaby, ihrem Vater – wir sind gut, aber wirklich nicht so gut gewesen – zu sagen, daß ich ihn liebe, und ihm ein Busserl von mir zu geben. (Verrückt, dachte ich gleichzeitig, warum sage ich solche Sachen? Man wird noch glauben, ich bin in ihn verliebt.) Ja, und ein paar Stunden später war er tot.

Heute nacht in München träumte mir, ich tanzte in einem Haus in der Oberen Donaustraße (Donau = Styx?) in Wien mit ihm. Er tanzte sehr elegant und hob mich ein paarmal hoch in die Luft. (Totentanz? Im Leben konnte er sich während der letzten 1–2 Wochen kaum mehr bewegen; Wirbelsäule.) Ich aber war plump, trug schwere Holzschuhe. (Plump, weil noch am Leben?) Das Haus hatte drei Geschosse. Ins unterste Geschoß (Keller) zog ich mich in eine Nische mit Spiegel zurück. Eine Ente setzte sich auf meine Schulter und schnäbelte mit mir. Ich sah alles im Spiegel. (Ente bedeutet was? Große Mutter, Unbewußtes, Anima, Totentier, Hexentier?) Ich fühlte den Schnabel der Ente auf meinem Mund, und das Treteln ihrer Füße auf meiner Schulter. Später im Traum war ein Krieg ausgebrochen, und ich bemühte mich vergeblich in der ganzen Stadt um eine Zeitung.

Rindlberg, 1. Juli

In der Nacht vom 17. zum 18. Juni wurde Schreiwurst geboren, etwa um 1 Uhr. Ich weiß nicht, ob sie Wui Wui ist?

Heute morgen nach dem Frühstück legte ich mich auf die Wiese, Schreiwurst setzte ich auf meinen Hals. Ich schlief plötzlich ein und erwachte erst nach zwei Stunden, so gegen 9 Uhr vormittags. Ich hatte das sichere Gefühl, einfach ganz wo anders gewesen zu sein, und ich fühlte mich so friedlich und leicht. Der Traum – aber ich glaube, es war eher eine verzerrte Erinnerung:

Ich war in einem Zimmer, dort lebte ich offenbar, und vor das Fenster draußen hatte ich Wasser gestellt. Einfach so aufrecht, ohne Gefäß. Es schien keine Schwerkraft zu geben. Ich liebte es, die Gestirne am Himmel sich in diesem Wasser spiegeln zu sehen.

Wo bin ich gewesen?

Gottfried schaute mir lange vom Fenster aus zu (vom wirklichen Rindlberger Fenster) und sagte dann, Schreiwurst hätte während der ganzen Zeit genickt. Als ich erwachte, hat sie zum ersten Mal geschnurrt.

Rindlberg, 25. Juli

Ging früh schlafen. Hatte irgendwann das Gefühl: jetzt gehe ich über die Schwelle. Dachte erst, symbolisch. Bin 49 Jahre geworden. Aber etwas in mir korrigierte: Nein, buchstäblich. Ich gehe wirklich über die Schwelle, gerade jetzt!

Erwachte um 11 Uhr nachts und stand auf. Gottfried hatte noch Licht und rief mich. Ziemlich erregt. Zornig. Ich zitiere:

Gottfried: »Ich war vor einer halben Stunde auf. Hast du mich gehört?«

Ich: (im Glauben, diese Frage wäre schalltechnisch, da wir uns gerade wegen Ausbaus der Scheune mit diesem Problem beschäftigen) »Nein, ich bin erst jetzt aufgewacht.«

Gottfried: »Es hat mich eiskalt überlaufen. Ich habe gefroren. Zum ersten Mal in meinem Leben haben sich mir die Haare gesträubt. Richtig aufgestellt.«

Ich: ?

Gottfried: (wütend) »Das muß ein Ende haben! Dieses Haus wird ausgeräuchert! So etwas dulde ich nicht!«

Ich: »Was ist denn passiert?«

Gottfried: »Als ich aufstand, die Schritte. Ganz laut. Durchs ganze Haus. Aus meinem Zimmer heraus. Dann zurück über den Plafond. Und in die Scheune. Nicht leise. Ein Getrampel! Das lasse ich mir nicht gefallen.«

Ich: »Die Katzen haben bei mir im Bett geschlafen. Sie können es nicht gewesen sein.«

Gottfried: »Das waren keine Katzen. So einen Lärm machen Katzen nicht. Das war ein Krawall! Ich hab überall nachgeschaut. Auch aus dem Fenster. Da war nichts.«

Ich: »Einmal Schritte?«

Gottfried: »Mindestens zwei oder drei Leute. (bös) Gesindel. Wie Gesindel, das ich ertappt habe. Und dann rannte es fort. Überall. Auch über den Plafond. Ich habe gefroren. Im Nakken. Den ganzen Rücken hinunter. Alle Haare haben sich aufgestellt.«

Ich: »Aber es kann kein Spuk gewesen sein. Dein Zimmer war früher Dachboden.«

Gottfried: »Was weiß ich, vielleicht hat sich einer auf dem Dachboden erhängt. Aber das geht so nicht weiter! Ich dulde es nicht!«

Er war wirklich bös. Ich ging wieder schlafen. Und auf einmal fing ich an, mich ganz schrecklich zu fürchten. Dabei wurde mir aber nicht kalt, sondern heiß. Ich dachte, am besten, wir ziehen weg. Obwohl wir gerade ausbauen.

Und plötzlich fiel es mir ein: Ich hatte, aus Tiefschlaf kurz auftauchend, gedacht und sogar *gesagt*, mit dem Mund und für mich: »Ich gehe über die Schwelle. Ich gehe wirklich. Jetzt...«

Irgendwie war ich erleichtert. Es waren also keine Gespenster. Es war nur ich. Ich habe keine große Angst vor mir.

Ich stand sofort wieder auf, um Gottfried zu beruhigen. Aber er wußte es schon.

Gottfried: »Du brauchst gar nichts zu sagen, ich weiß, daß du es schon wieder warst. Aber das muß endlich aufhören! Früher hätte man dich als Hexe verbrannt!«

Ich: »Aber ich kann doch nichts dafür!«

Gottfried: »Natürlich kannst du dafür!«

Er war so böse auf mich, daß ich wieder in mein Zimmer ging.

Die Katzen hatten von all dem überhaupt nichts gemerkt.

Heute früh sagte Gottfried:

»Du warst noch einmal da.«

Ich: »Wann?«

Gottfried: »Eine halbe Stunde später.«

Ich: »Wieder wie drei Personen?«

Gottfried: »Nein, diesmal eine. Du ranntest in der Scheune herum und warfst einen schweren Gegenstand um.«

Aber er war nicht mehr böse. Beim zweiten Mal war er auch nicht erschrocken. Er hat nur, sagt er, geflucht.

Nun ist es so, daß ich ihn schon seit Tagen fragen wollte, ob er glaubt, daß wir auch außerhalb dieser vernünftigen und physischen Existenz in Kontakt miteinander stehen.

Ich sagte:

»Du, ich wollte dich schon die ganze Zeit fragen…«

Gottfried: »Sei still! Frag mich nichts. Ich weiß ohnehin alles.«

Ich: »Auch, daß ich dich fragen wollte, daß…«, und ich formulierte es.

Gottfried: »Natürlich!«

Ich: »Und?«

Gottfried: »Das weißt du selbst.«

Habe folgendes vergessen: Bevor ich aus dem Schlaf auftauchte und das mit der Schwelle sagte, muß ich schon halbwach gewesen sein. Denn ich dachte: »Ich wurde wieder belehrt. Soeben. Daß wir nur Erscheinungen sind. Wir sind nicht wirklich hier auf der Erde. Unsere Existenzen sind anderswo. Auf der Erde erscheinen wir nur…«

Dann kam das mit der Schwelle, ein intensives Gefühl.

In den Nächten vorher träumten Gottfried und ich schlecht. Einmal biß mich eine Bärin in die Hand, eine andere Nacht biß mich ein Schnabeltier in die Wange. (Als mich das Schnabeltier in die Wange biß, hatte Gottfried in der gleichen Nacht im »Spiegel« einen Artikel mit einem Bild von einem Schnabeltier gelesen.)

Rindlberg, 21. August

Heute nacht zwischen 3 und 5 Uhr wieder zwei Austritte.

Beim ersten Mal erwachte ich in der Starre. Komisch, daß ich beinahe jedes Mal, wenn mir das passiert und ich das Körpergefühl in meinen Armen oder Beinen suche und nicht mehr finde, glaube, zu sterben. Bis mir einfällt: ah ja! Loslassen. Und dann steige ich auf.

Nun, einmal stieg ich nicht auf, so sehr ich mich auch bemühte. Sondern wurde blitzschnell rücklings aus meinem Hinterkopf gezogen, direkt durch die Wand oder das Fenster in den Sternenhimmel hinein. Die Bewegung war wahnsinnig schnell. Und – ich glaube – zum ersten Mal sah ich die silberne Kordel. Sie war fast unbegrenzt lang und lag einfach im Raum, durch den ich mich bewegte. In vielen Windungen. Nicht kreisförmig sondern eher wie Schlingen nebeneinander. Alles, fast alles, war davon bedeckt.

Aber dann sprangen Gättchen und Sabinettchen auf mir herum, und ich kam wieder herunter. Dachte aber, ach was. Sollen die Katzen doch treiben, was sie wollen. Ich möchte zurück, es fing so schön an.

Bald darauf wurde ich wieder rücklings aus dem Kopf gezogen. Der Himmel, durch den ich flog, wurde immer heller. Milchweiß oder wie Opal, und kristallisch strukturiert. Ich schrie laut, das tue ich bei solchen Gelegenheiten manchmal, vor Entzücken. Ob es hörbar ist, weiß ich nicht. Dann – obwohl der Himmel ja noch dunkel gewesen sein mußte, um diese Zeit – flog ich auf ein Licht, das ich für die Sonne hielt, zu. Ein wundervolles, golden strahlendes Licht. Es war herrlich, und ich jauchzte laut.

Merkwürdigerweise bin ich heute sehr müde und war den ganzen Vormittag nicht fähig, zu arbeiten.

Rindlberg, 29. August

Heute nacht, zwischen 3 und 5 Uhr, erwachte ich wieder in der Starre. Gättchen und Sabinettchen schliefen in Brusthöhe neben mir im Bett. Ich ließ los und stieg auf, aber, wie mir schien, nicht sehr hoch. Sank bald wieder herunter. Und wurde plötzlich angehalten. Sank nicht bis in den Körper, sondern etwas hielt mich in Schwebe. Horizontal. Ich glaube, ich konnte nichts sehen. Aber nach einer Weile fühlte ich zwei Hände, die meine Hände ergriffen. Ich kannte sie nicht, versuchte aber, mir ein Bild von ihnen zu machen. Ich tastete sie genau ab. Meine eigenen waren es bestimmt nicht. Schlanke, gut geformte, feste

Hände. Nicht zu groß. Sie hielten mich, und manchmal wurde ihr Druck so stark, daß es schmerzte. Und dann drang etwas oder jemand in mich ein. Es war ein sexueller Akt, und es war keiner, denn mein Schoß war nicht aus Fleisch, sondern, so schien es, aus Luft. Und das – menschliche? außermenschliche? – Geschlecht, männlich, das in mich eindrang, auch. Als wären wir beide gasförmig. Ohne Schwere und Widerstand. Ich muß bekennen, daß gewöhnliche menschliche Umarmungen dagegen ziemlich grob sind. Die Wollust gasförmiger scheint der Wollust fester Körper unendlich überlegen zu sein. Anfangs störten die Katzen, ich fühlte sie während des Aufsteigens auf mir herumtollen, konnte mich ihrer aber, da meines normalen Körpers nicht mächtig, nicht erwehren. Wann sie aufhörten, zu toben, weiß ich nicht mehr. Ich fühlte mich glücklich und bat meinen fremden Gast, wiederzukommen. Seine Hände, die noch immer die meinen festhielten, fühlten sich übrigens wie Fleisch an. Ich erwachte. Gättchen und Sabinettchen schliefen. Und im Moment des Erwachens kam der Kater Mümmy ins Zimmer, was nur mehr äußerst selten geschieht. Und, gleich hinter ihm, Gottfried. Ich zitiere:

Gottfried: (barsch) »Seit wann bist du wach?«

Lotte: »Ich bin den Moment aufgewacht.«

Gottfried: »Es ist 5 Uhr früh. Du hast geredet.«

Lotte: »Ich komme gerade von einer Ausfahrt zurück.«

Gottfried: »Ja, das weiß ich.«

Und er ging wieder in sein Zimmer zurück. Er war bös. Ich schlief wieder ein.

Beim Frühstück sagte er mir, ich hätte mit sehr tiefer, lauter und böser Stimme mit jemandem gesprochen. Es klang wie eine Auseinandersetzung. Und sehr bös. (Meine normale Stimme würde er nie hören, sein Zimmer liegt durch einen ganzen weiteren Raum von meinem getrennt.) Da sei er – nachdem er zuerst draußen vor dem Haus nachschaute, in mein Zimmer gekommen. Er sagte, schon eine halbe Stunde vorher hätte ich auch gesprochen. Und davor hätte es im Haus dreimal laut geläutet. (es war aber, er überzeugte sich davon, nicht das Telefon.) Und wieder davor wäre ein Krachen und Poltern und Schritte gewesen. Und zwar in den beiden Zimmern, die wir erst ausbauen und noch gar nicht bewohnen. Er sagte, er hätte meine Spukerei satt.

Anmerkung: Wieso war ich, als Gottfried mich hörte, scharf und böse und laut? Dies paßte nicht zu der Szene. Ob wir, auch im siderischen Zustand, parallele Existenzen haben?

Dann: ich hatte am Morgen blau geränderte Augen und war den ganzen Tag so erschöpft, daß ich mehrmals einschlief. Dabei hatte ich mich am Abend zuvor schon um 8 Uhr niedergelegt. Ich glaube, die alten Blocksberg-Geschichten sind alle wahr.

Übrigens habe ich Gottfried alles erzählt. Er meint, mein Glück wäre das 20. Jahrhundert.

Rindlberg, 22. Oktober
(im neuen Zimmer)

Gestern abend gegen 8.30 Uhr, ich lag schon im Bett und las, bekam ich plötzlich starke Kopfschmerzen. Auch einen Druck im Kopf. (Nebenbei, mein Blutdruck ist niedrig, so zwischen 90 und 110). Ich stand auf und schaute, was sonst kaum vorkommt, in den Spiegel neben meinem Bett. Außer roten Wangen konnte ich nichts Krankhaftes feststellen. Kaum lag ich wieder, kam Gottfried aus dem ersten Stock, wo er zur Zeit haust, herunter. Auch er schon im Pyjama. »Du warst gerade«, sagte er, »bei mir.« Ich: »Wieso?« Er: »Rechts von mir ging die Tür auf, du schautest herein. Ich sagte *Na*! Aber da warst du schon weg. Erst dann wurde mir klar, daß rechts neben mir gar keine Tür ist. Du hast einfach die Wand aufgemacht.« (Anmerkung: »Na!« ist ein zärtlicher Scherzruf zwischen uns beiden, so etwas wie ein Ruf-Spiel.) Ich: »Hatte ich diesen Pyjama an?« (Hellbraun.) Gottfried: »Nein, ein dunkles Hemd.« Ich: »Hab ich geleuchtet? Oder war hinter mir Licht?« Gottfried: »Nein, du kamst aus dem Finstern.« Ich: »Bist du ganz sicher, daß du nicht schon geträumt hast?« Gottfried: »Ganz sicher.« Übrigens waren meine Schmerzen im Kopf, noch ehe Gottfried in mein Zimmer kam, schlagartig vorbei.

Rindlberg, 14. November

Es war aber schon vor 4–5 Tagen, ich vergaß nur das Aufschreiben. Nachts stieg ich auf. Mitten hinein in die Sterne. Und da waren auch lauter weiße Blitze. Ich erinnere mich nicht – was bei mir wenig besagt –, diese weißen Blitze schon einmal gesehen zu haben. Und memorierte sie beim Flug fortwährend, um sie mir zu merken. Plötzlich ein Geräusch – und plumps, fiel ich wieder in den Körper zurück. Nehme an, es war die erkaltende eiserne Heizung. Beim Frühstück:

Ich: »Bin wieder geflogen.«

Gottfried: (seufzend) »Ich weiß, um 0.30 Uhr.«

Ich: »Hab nicht auf die Uhr geschaut.«

Gottfried: »Aber ich. Das war ja wieder ein Krach. Wie wenn Türen zugeschlagen werden, und überhaupt. Scheußlich.«

Ich: »Bin sowieso gleich wieder heruntergepurzelt.«

Gottfried: »Geschieht dir ganz recht.«

Rindlberg, 21. November

Heute nachmittag zwischen 16 und 16.30 Uhr schüttelte ich den Schnee von unseren Bäumen. Als ich wieder ins Haus zurückkehrte, erwartete Gottfried mich in der Küche.

Gottfried: »Es hat gespukt.«

Ich: »Jetzt?«

Gottfried: »Vorhin. Hast du gesprochen?«

Ich: »Mit wem? Ich war ja allein.«

Gottfried: »Vor dem Haus.«

Ich: »Was hab ich gesagt?«

Gottfried: »Das hab ich nicht verstanden. Nur ein Gemurmel.«

Ich: »Meine Stimme?«

Gottfried: »Deine Stimme. Ein paar Minuten lang. Ich schaute gleich nach. Aber es war niemand da. Nur dieses Murmeln.«

Ich: »Ich war bei den Blaufichten.«

(Anmerkung: das ist ziemlich weit weg vom Haus, 16000 Quadratmeter Grund. Niemand hätte mich im Haus hören können.)

Gottfried: »Hab dich auch nicht gesehen. Nur gehört.«

Ich: (es fällt mir erst jetzt wieder ein) »Mit den Bäumen hab ich gesprochen. Aber nicht richtig. Nur so inwendig. Sie sollen sich wieder erfangen und so.« (Anmerkung: Ein paar von den im letzten Herbst gepflanzten wollen nicht so recht.) »Beruhigend. Klang es beruhigend?«

Gottfried: »So ähnlich, ja.«

Ich: »Ich hab den Bäumen liebe, freundliche Sachen gesagt. Aber in Gedanken. Nicht mit dem Mund. Oder vielleicht hab ich doch gemurmelt?«

Gottfried: »Bei der Entfernung spielt das auch keine Rolle.«

Rindlberg, 24. November

Gestern in Wien träumte ich, meine Mutter käme zu mir. Sie sah jünger aus. Sie sagte mir, ich würde mit 57 Jahren sterben. Ich antwortete, ich wüßte es bereits. Ich fiel ihr um den Hals und sagte ihr, wie glücklich ich darüber wäre. Sie teilte meine Freude ganz.

Heute abend rief ich sie an.

Mutti: »Da war etwas Wichtiges, das ich dir sagen wollte.«

Ich: »So?«

Mutti: »In der Früh. Jetzt hab ich's vergessen. Man soll sich wirklich alles aufschreiben.«

Ich: »Hast du von mir geträumt?«

Mutti: »Geträumt! Ja, das war's.«

Ich: »Aber was?«

Mutti: »Ich weiß nicht mehr. Etwas Wichtiges. Zu dumm.«

Ich: »Ich weiß es. Du hast mir etwas gesagt. Aber ich wußte es schon.«

Mutti: (plötzlich vage, ausweichend) »Ja, ja. Und was gibt es Neues? Wie geht's den Katzen?«

Anmerkung: Mama und ich sind ziemlich verschieden. Sie ist konservativ, sehr bürgerlich, glaubt an die Ratio. Als ich sie an den Traum zu erinnern versuchte, wollte sie sich nicht an ihn erinnern. Ihr Normalbewußtsein hält den Tod für schlimm. Übrigens war es sicher kein Traum. Eine andere Art Kommunikation. Auch das deutete ich am Telefon an. Sie wich sofort aus.

Noch etwas: Wir haben telepathischen Kontakt. Wenn sie an mich denkt, rufe ich an. Wenn sie anruft, weiß ich meistens, daß sie es sein wird.

Rindlberg, 29. Dezember

Vor dem Einschlafen betrachtete ich vom Bett aus lange den Mond. Er stand im Westen, und dunkle Wolken und weiße Wolkenschleier stiegen von ihm auf nach Westen. Ich dachte auch an Gottfried, der in einer schlimmen Krise ist und schräg über meinem Zimmer, im alten Haus, schläft. Wie so oft, wünschte ich, ihm etwas von dem Bösen, das ihn bedrängt, abnehmen zu können.

Ich schlief ein und erwachte gegen 22 Uhr. Mich überfiel eine solche Angst und Verzweiflung, daß ich es gegen 1 Uhr nicht länger aushielt. Ich lief hinauf zu Gottfrieds Zimmer. Er hatte Licht. »Was machst du mit mir?«, fragte ich, »schickst du mir Vernichtungswellen, oder was?« Ich war in einem Zustand panischen Entsetzens. Gottfried hingegen, den ich abends in einem entsetzlichen Zustand verlassen hatte, war heiter und gelöst. Ich scheine in sein »Feld« geraten zu sein.

Heute morgen bestätigte er mir: die Zustände, die mich – grundlos – überfallen hatten, wäre er um dieselbe Zeit zu seiner Erleichterung losgeworden.

Nach 1 Uhr hatte ich noch einen sonderbaren Traum. Ich lebte irgendwo oben, auf einer Höhe oder einem Berg. Meine eigene Leiche wurde unter großen Schwierigkeiten, denn die Wege waren nicht gut, zu mir heraufgebracht. Ich wußte nicht, was ich mit dem Leichnam anfangen soll? Versuche, ihn wieder hinabzubefördern, mißlangen So beschloß ich, meinen Leichnam eigenhändig da oben zu begraben. Vorher wollte ich einen letzten Blick auf ihn werfen und öffnete, was ihn verhüllte. Da wurde es schrecklich! Dieser mein Leichnam richtete sich auf, kauerte sprungbereit wie eine Katze und griff mich an. Kratzte und biß. Ich spürte fünf (?) Male auf meiner Hand. Dachte noch, jetzt wäre ich wohl verloren. Denn das Leichengift drang in mein Blut ein.

Ob ich den Leichnam zuletzt zähmte und begrub, weiß ich nicht mehr.

* * *

Die wilde Frau

Selbstverständlich bin ich keine Hexe. Leider, denn ich würde sehr gern eine sein. Betrachten wir sie und ihre vergangene Welt!

Früher einmal gab es einen Hexenkalender, da zählten die Nächte, und man rechnete nach dem Mond. Das Jahr hatte dreizehn Monde. Jeder Mond war einem Baum geweiht, und jeder Baum hatte eine Bedeutung. Der Holunder bedeutet Schicksal und Tod, die Birke den Anfang, der Efeu das Sterben, das Rohr den Schlaf und den Traum. Der fünfte Mond gehört der Weide, die den Mond und die Hexe bedeutet.

Die Welt der Hexe ist nicht rational, sondern magisch. Bei ihr dominiert, im Gegensatz zum von unserer Kultur geprägten Normalbürger, die rechte, irrationale Hemisphäre des Gehirns. Sie wurde weder von der Kirche noch vom Marxismus domestiziert.

Von der jeweils herrschenden Moral, die nichts weiter ist als eine Mode des Gewissens, bleibt sie unberührt. Sie liebt, und sie zaubert. Was wäre natürlicher?

Sie steht außerhalb unserer unnatürlichen Gesellschaft, der linken wie der rechten. Beide verfolgten und verfolgen sie mit ihrem Haß, und der Haß entspringt ihrer Angst. Denn sie ist ein Tier, und sie ist eine Göttin. Ihre Feinde aber sind Gefangene eines Systems.

Alle Systeme sind zu einem schmachvollen Tode verurteilt. Das macht sie argwöhnisch und aggressiv. Und da sie ihre Feinde weder lieben noch verzaubern können, ermorden sie sie.

Aber sind Hexen wirklich ihre Feinde? Was haben sie ihnen Böses getan? Sie haben natürliche Magie getrieben, was in unseren Schulen leider nicht mehr gelehrt wird. Sie haben den Eros der Erde – und er hat, glücklicherweise, weder mit unserer

Sexualität noch mit unserer Verdrängung etwas zu tun – bewahrt. Und sie fliegen.

Sie fliegen wirklich. Der Körper ist ein Zustand des Bewußtseins. Aber es gibt deren viele! Zustände und Welten. Statt sie zu bekämpfen, sollten wir sie lieber ergründen.

Die Hexe ist der Eros der Erde, und Eros ist immer mit Zauber verbunden. Wer die Hexe tötet, versucht, die Erde zu töten. Und sie ist ja, nämlich die Erde, ein lebendiges Wesen, sinnlich und geistig, das denkt, träumt und atmet wie wir. Wir selbst sind vielleicht so etwas wie kleine Erden, ihre Miniaturen.

Das Geschlecht, oder vielmehr seine primären Merkmale, haben damit nichts zu tun. Es gibt ebenso viele männliche Hexen wie weibliche Hexenjäger. Von Natur aus ist der Mensch, wie die Erde, männlich und weiblich zugleich. Mann und Frau sind zwei magische Rollen, und er kann beide spielen. Je begabter er ist, um so mehr nützt er diese doppelte Freiheit. Leider erpressen die meisten Gesellschaften eine Entscheidung von ihm, scheiden ihn von seiner anderen Seite.

Wie der Engel ist die wirkliche Hexe androgyn. Sonne und Mond sind ihre Herzen. Ihre Zeit ist der Kreis, die magische Gegenwart. Die wilde Frau zwischen Himmel und Erde…

Nein, ich bin keine. Aber wie eine nicht ganz gelöschte Information geistert sie auf dem Band meines Lebens. Geistert unter einer gewalttätigen, nur durch extreme Vergeßlichkeit gemilderten Bildung. Verschwindet im Müll der Nachrichten und Daten. Zwischen den grellen Signalen der Zivilisation suche ich ihre Spur.

Erscheinungen

Erwin Thalhammer erschien mir im Traum als Dämon. Nur im Traum! Am hellichten Tag war der keineswegs trockene Jurist Herr über Burgtheater und Oper, später Präsident des Denkmalamts, und praktisch über Nacht entpuppte er sich als Romancier von Graden. Er sieht aus wie der gescheite Bruder von Jean

Marais, und noch dazu ist er den Damen geneigt! Als Gottfrieds Freund wurde er vor zwanzig Jahren mein Trauzeuge.

Die Hochzeit! Vor dem Frühstück tranken wir Wein, nach dem Frühstück Champagner, und natürlich sagten wir dann auf dem Standesamt Ja. Am Abend waren siebzig Gäste geladen, und vor beinahe allen habe ich mich gefürchtet. Ich dachte an meine Mutter, die sich ins Kabinett einschloß, wenn Besuch kam, während mein Vater die Tür mit dem Hut auf dem Kopf öffnete und sagte, er gehe gerade fort. Während des ganzen Festes saß ich erstarrt neben dem Dichter Alexander Lernet-Holenia auf dem Kanapee. Mitleidig hielt er meine Hand und murmelte von Zeit zu Zeit: »Riesig gemütlich!«

Theodor Pfleiderer aber – der Tote, mit dem ich in einem anderen Traum tanzte – war der Schloßherr von Großpertholz oder, wie man ihn hier nannte, »die Herrschaft«. Großmütig, freundlich und bescheiden sorgte er für das Wohl der Waldleute ringsum, und über unsere Schafe sind wir sogar ein wenig verwandt. Denn wir durften Mandi, den sanften, schönen schwarzen Schloßbock zu Nelly und Gülnare auf den Rindlberg treiben, wo er zur allgemeinen Freude Felix und Rosabella gezeugt hat. Den Namen Pertholz aber leite ich von Frau Perchta und Holda ab und schaue, wenn ich durchs Dorf gehe, in den Augenwinkeln noch immer nach den Entenfüßigen aus.

Ist etwas weniger wirklich, weil es nicht erscheint? Oder nur, wie die Entenfüßigen, im inneren Spiegel? Was überhaupt ist das Wesen einer Erscheinung? Der Schloßherr ist mir erschienen und starb. Der graue Engel ist mir erschienen und löste sich auf. Ich erscheine mir selbst. Wie sonderbar ist das alles. Ich sehe keinen prinzipiellen Unterschied zwischen Erscheinungen in den verschiedenen Stadien unseres Bewußtseins. Es ist eher so, daß die Erscheinungen mit diesen Stadien korrespondieren. Welt und Bewußtsein, Erscheinungen und Gehirnwellen entsprechen einander, sind klar aufeinander bezogen. Was natürlich bedeutet, daß Wirklichkeit nur im Plural existiert.

Aber wer, der seine Welt nicht als Scheuklappen trägt, könnte noch daran zweifeln?

Schreiwurst war der erste Name, den Gottfried ihr gab. Gättchens Wehen begannen mitten in der Nacht auf Gottfrieds Brust. Schleunigst brachte er sie, Männer sind so, in mein Zimmer. Kaum hatte sie geworfen, kehrte die Katze, ihr Junges im Maul, zu Gottfried zurück. Frauen sind so. Sie sprang auf sein Bett, legte ihm die Schreiwurst ans Herz und sich selbst schnurrend in seinen Arm. Eine Liebesgeschichte! Strich sie einmal dem Briefträger um die Beine, machte mein Mann ihr vor dem Haus eine Szene. »Du Hure!«, brüllte er, und die Dorfbewohner schauten mich interessiert an. Na sowas, die alte Ingrisch...

Da Schreiwurst kein passender Name für eine kleine Dame ist, gab Gottfried ihr einen andern: Sabinettchen... Mausgrau, mit winziger weißer Maske, weißen Pfötchen und weißem Latz. So rührend! Ihre Augen waren leidenschaftlich und grün. Sie war so schüchtern, daß sie sich vor allen Leuten unter meine Bettdecke verkroch. Sogar vor den verliebten Katern, die in Vollmondnächten klagend ums Haus schlichen. Wie sie trotzdem die stolze Mama von Schneeflöckchen, Pelzchen und Zanni wurde, bleibt ein Rätsel. Sie tanzte so gern auf meinen Schultern, und ich küßte sie und nannte sie, obwohl das keinen genauen Sinn ergab, meine kleine Geliebte. Eines Tages, so versprach ich ihr, würde sie ein Menschenmädchen und ich ihr Schutzengel sein. In einer großen grauen Stadt. Merkwürdig, ich sah sie immer als kleines Mädchen in einer großen grauen Stadt.

Nein, Wui Wui war sie wahrscheinlich nicht. Es sei denn, wir gestalteten unsere vielen Persönlichkeiten wie ein Schauspieler seine Rollen. Und es gehört zum Repertoire eines guten Komödianten, möglichst viele gegensätzliche Charaktere glaubwürdig zu machen. Aber wer oder was ist der Spieler aller Rollen? Wo die Quelle, aus der unsere Erscheinungen fließen?

Und ist der Spieler vielleicht selbst nur eine Rolle in einem für uns nicht erkennbaren Metaspiel? Vertrauen wir der Phantasie! Sie ist unser siebenter Sinn.

Ja, wir leben in einem Selbstmörderhaus. Das habe ich erst viel später von den Nachbarn erfahren. Na, wenn schon! Ich glaube nicht, daß der freundliche Alte, so wurde er mir geschildert, sein Unwesen treibt. Nach einem Streit mit dem Schwiegersohn hat er sich vergiftet, und von ihm, jenem Schwiegersohn, und der Tochter des Toten kaufte ich bald darauf dieses Haus. Und es hat keine böse Atmosphäre, im Gegenteil! Jeder, der kommt, fühlt sich sogleich wohl.

Dem geheimnisvollen weißen Gitterwesen, das mich anfangs hier so erschreckt hat, bin ich unlängst in einem Buch über Erdstrahlen wieder begegnet. Wenn mich meine Erinnerung nicht sehr täuscht, ist das Gespenst darin mit folgendem Text porträtiert: »Mehrere Kerzen auf einer Reizzone senden Strahlen aus. Die von den Kerzen ausgehenden Lichterscheinungen sind in der darüberliegenden Ebene abgeknickt, dies läßt den Schluß einer Polaritätsänderung (und damit Richtungsänderung) der Ablenkung zu.« Schön, es brannten keine Kerzen in meinem Zimmer. Trotzdem muß es eine durch Erdstrahlen angeregte Lichterscheinung gewesen sein, die ich in jenem anderen Zustand – und nur in jenem anderen Zustand – wahrnahm. Wie dies alles zusammenhängt, möge die sich selbst beständig transzendierende Wissenschaft, für die ich dieses Nächtebuch zu führen begann, eines Tages erforschen.

Ich könnte mir jedenfalls vorstellen, daß Wirklichkeit nicht nur in jedem Punkt der Zeit, sondern auch an jeder Stelle des Raumes anders erscheint. Oder ist sie am Ende selbst eine Funktion von Raum und Zeit? Natürlich erlebe ich 1600 nach Christi auf dem Platz der Blumen in Rom eine völlig andere Welt als in den achtziger Jahren des 20. Jahrhunderts, und wiederum eine völlig andere Welt in der Wüste Gobi oder in Paris. Aber wenn dies ein Gesetz wäre, das auch für kleinste Entfernungen gilt? Wenn Millimeter und Sekunden oder die Bruchteile von Sekunden und Millimetern über Gegenstand und Art unserer Wahrnehmung entscheiden? Die Geomantie von Raum und Zeit wird dereinst vielleicht mehr über unsere Persönlichkeit verraten als Erb- und Milieutheorie, und wir werden das Muster der Drachenlinien, das wahre Weltbild, erkennen.

In diesem letzten Jahr haben wir unseren Schafstall ausgebaut, und ich war der leidenschaftliche Architekt. Ein Zimmer für mich, ein Zimmer für meinen Mann. Nur, als die Zimmer fertig waren, weigerte Gottfried sich, einzuziehen. Das war eine große Kränkung für mich. Denn es ist nicht nur ein besonders schönes und liebevoll eingerichtetes Zimmer geworden, ich habe sogar seine Lieblingsbäume, nämlich Lärchen, vor die Fenster gepflanzt. Und roter Holunder wuchs, nur durch Glas getrennt, vor seinem Bett. Sein altes Zimmer war zu klein, unselig proportioniert, eine Mansarde, in der er sich nur stellenweise aufrichten konnte. Aber von Tag zu Tag und von Nacht zu Nacht weigerte er sich, sie zu verlassen. Und fassungslos mußte ich entdecken, daß das neue Zimmer ihm Angst machte.

Oder die Wirklichkeit des neuen Zimmers. Denn die Welt dort war, wie Sie im nächsten Jahr erfahren werden, eine andere.

Das blaue Licht

1980

Rindlberg, 19. Jänner

Heute nacht, es war nach 4.30 Uhr und vor 6,30 Uhr, erwachte ich und wußte, daß ich meinen Körper verlassen würde. Sorge um Sabinettchen, die auf meiner Bettdecke schlief. Wurde schräg hinaufgetragen. Dachte noch: Aber in diesem Zimmer ist alles anders, werde ich durch das große Glasfenster fliegen? War schon zu einem Viertel durch, befand mich aber – wohl durch meinen irritierten Gedanken – sofort wieder im Bett, aus dem ich nun – statt, wie gewöhnlich, horizontal aufzusteigen – einfach aufstand. Ich ging auf die Tür zu, wollte mich eigentlich umdrehen und meinen schlafenden Körper betrachten. War aber zu ungeduldig, Gottfried zu besuchen, von dem ich wußte (ich hatte ihn um 4.30 Uhr früh gehört), daß er, wie alle Tage, schon in seinem Zimmer im 1. Stock an seinem Quartett komponierte. Als ich das Vorhaus erreichte (genau: den grünen Korridor), versank ich plötzlich – mir schien es klaftertief – in der Erde. Ohne Widerstand zu spüren. War nicht besorgt, sondern führte es darauf zurück, daß ich ging statt zu fliegen. Und Materie in meinem Zustand nicht fest für mich ist. Stieg auch sofort wieder – wie im Lift – hoch. Eilte die Treppe hinauf. Wollte eigentlich, die eben gemachte Erfahrung wiederholend, durch Gottfrieds geschlossene Tür durch. Öffnete sie aber aus purer Gewohnheit und ging in sein Zimmer. Er schien mich zu sehen, war aber eher resigniert als erfreut. Ich umarmte und küßte ihn. Wollte sprechen, konnte aber kein Wort artikulieren. Unfähig dazu. Verließ das Haus durch die gläsernen Fenster, diesmal genau darauf achtend, daß ich nichts vom Glas spürte. Ein ganz kleines bißchen bang war mir dabei, dachte törichterweise, und wenn ich mich schneide? Prächtige Nacht mit Sternen. Flog lange und, wie ich glaube, immer geradeaus. Sah viel, wollte mich daran erinnern, dachte, ich müßte es sofort notieren und beschloß, in den Körper zurückzukehren. Im nächsten Augenblick lag ich, Kopf nach unten, mit meiner Stirn auf etwas Festem. War verwirrt! Dachte – wo bin ich? Aber ich lag, gewissermaßen, auf meiner eigenen Stirn. Und erwachte sofort im Körper. Ziemlich erschöpft. Machte Licht, 6.30 Uhr früh. Viel zu zerschlagen, um sofort Notizen zu machen. Leider. Denn ich glaube, diesmal war ich während der ganzen Nachtfahrt bei vollem Bewußtsein. Nun habe ich vieles vergessen. Eine Enttäuschung: Gottfried hat mich, wenigstens mit seinem normalen Bewußtsein, überhaupt nicht bemerkt. Und er behauptet, am Klavier und nicht am Schreibtisch gesessen zu haben. Ich besuchte ihn aber am Schreibtisch. Noch eine Differenz: als ich aufstand, schien mir, daß ein Teil der Bettdecke zu Boden glitt. Beim Erwachen prüfte ich es sogleich: die Decke lag glatt und ordentlich auf dem Bett. Was mich an meinen Freund Michael Bull erinnert. Er hatte die einzige (erinnerte!) Ausfahrt auf Schloß Bernstein. Um sein Erlebnis kontrollieren zu können, schwebte er um den Plafond herum und prägte sich die Stukkaturen genau ein. Am nächsten Morgen stieg er sofort auf einen Stuhl und guckte nach. Tableau! Er schlief ausgerechnet im einzigen Zimmer ohne Stukkatur.

Rindlberg, 11. Februar

Heute nacht, knapp vor der Ausfahrt aus dem Körper, riß mich etwas ins Normalbewußtsein zurück. (Gottfried klopfte in seinem Zimmer auf die Heizung, weil sie knarrte.) Als ich die Augen aufschlug, sah ich noch rechts über mir etwa fünf oder sechs kleine silbrige Gestalten sich in Luft auflösen. Kann auch sein, daß sie Teile einer einzigen Gestalt waren. Hell leuchtend, aber mehr wie Mond und Sterne als wie die Sonne.

Rindlberg, 12. Februar

Heute nachmittag 16.30 Uhr hatte Gottfried alle die physischen Sensationen, die vermutlich sein sterbender (?) Freund Helmut

Wobisch erlitt. Herzschmerzen, Herzstillstand. Wobisch wurde zum dritten Mal operiert. (Heute nachmittag: war es genau 16.30 Uhr?)

Rindlberg, Ostermontag

Es gibt viel über die Wobisch-Zeit im Februar und auch im März zu berichten. Ich schrieb es, weil es mich so tief erschreckte und noch immer bewegt, bisher nicht auf. Machte nur lose Notizen für mein Gedächtnis. Werde in den nächsten Tagen alle Ereignisse dieser Zeit eintragen.

Heute aber passierte dies:

Wir waren zum Mittagessen bei Arnulf und Helena Neuwirth eingeladen, in Radschin. Um 15.30 Uhr gesellte sich Propst Ulrich Küchl von Eisgarn dazu. Wir tranken nur Mineralwasser, Tee, Kaffee. Alle. (Gottfried und ich trinken seit den Wobisch-Ereignissen überhaupt keinen Alkohol.)

Gegen 18.30 Uhr verließen wir Radschin und fuhren heimwärts. (In unserem roten Renault 5.) Bis Altweitra verlief alles normal. Ich sah noch die große Kurve vor Weitra und schaltete um einen Gang zurück. Aber Weitra kam nicht. Ich wunderte mich und dachte die ganze Zeit, wieso, wann kommt endlich Weitra? Und dann sagte Gottfried: »Wo ist dieses verfluchte Weitra? Noch immer nicht da?« Ja, und da fuhren wir auch schon die abfallende Straße nach Schützenberg herunter. Wir haben einen Raum- oder Zeitsprung von 3 km und etwa 3 Minuten gemacht. Wir verstehen es auch nicht. Es war noch hell, wir hätten das Schloß sehen müssen, die Stadt, die große Kreuzung. Ich kann nicht eingeschlafen sein, sonst läge ich im Straßengraben. (3 km!) Der Verkehr war für die Gegend hier ziemlich dicht. (Letzter Feiertag.) Wir besprachen das Ganze und waren verblüfft. Die Zeit: zwischen 19 und 19.30 Uhr, würde ich sagen.

Dann kamen wir nach Rindlberg. Auf der Straße vor unserem Haus, genauer vor dem zugeschneiten Wiesenweg, der zu unserem Haus führt, stand ein mittleres Personenauto, grau oder blaugrau. Es parkte, wir sahen es während der ganzen Zeit, als wir aus dem Wald und auf unseren Parkplatz vor dem Kuttner-Laden fuhren. Wir sprachen darüber, da wir fürchteten, Besuch bekommen zu haben. Wir stiegen aus dem Renault – und das fremde Auto war weg. Einfach weg, in Luft aufgelöst. Der Nachbarjunge Christian Kuttner kam aus dem Haus. »Hast du das Auto vor unserem Weg gesehen«, fragte ich, »da stand doch ein Auto?« »Nein«, sagte er, »wieso, ich hab kein Auto gesehen.« Seine Mutter, Marianne Kuttner, stand hinter ihrem Küchenfenster und schaute hinaus. Das Auto war fast genau vis à vis von ihr gestanden. »Was ist aus dem Auto geworden«, fragten wir sie, »es war doch eben noch da?« Sie schaute uns ziemlich merkwürdig an. »Nein«, sagte sie, »da war kein Auto.«

Helena Neuwirth rief, kaum daß wir in unser Haus kamen, an. Ich erzählte ihr diese Geschichte. Wir wissen nicht, was es bedeutet und was passiert ist. Aber wir haben nicht geträumt, nicht beide, und nicht während 3 km am Volant.

(Helena meint, ob wir vielleicht im Raum von Weitra ein Unglück gehabt hätten, mit dem Geisterauto, und Zeit, Ort und Faktum des Unglücks übersprangen?)

Nachtrag: Ich weiß das Datum nicht mehr, aber etwas Unsichtbares haben Gottfried und ich schon einmal gesehen. Am hellichten Tag fuhren wir durch Großpertholz. Der Bäcker stand vor seinem Laden und winkte uns zu. Wir winkten zurück und freuten uns sehr. Denn wegen seiner Epilepsie war er zuletzt im Spital. »Gott sei Dank«, sagten wir eine Viertelstunde später zur Nachbarin Mariandl. »Der Bäcker ist wieder gesund.« »Der Bäkker« – sagte sie – »ist vorige Woche gestorben.«

Rindlberg, 5. Mai

Erst spät – während ich nach dem Mittagessen eben einschlafen wollte – erinnerte ich mich an die Ereignisse der letzten Nacht. Und fast sofort darauf war die Erinnerung wieder gesperrt.

Aber es muß Merkwürdiges passiert sein. Ausfahrten und wiederholte Rückkehr, die mit großen Ängsten verbunden war. Die Erlebnisse waren anders als sonst. Ich weiß nicht, welche Zensur ihre Präsenz in meinem Bewußtsein verbietet.

Mümmy lag zu meinen Füßen, und während der Nacht stellte ich verwundert und mit Erleichterung fest, daß der Kater nichts von allen Vorgängen zu merken schien. An ein Knattern und Zischen erinnere ich mich, an eine Dämmerfarbe (lichtes Grau?), durch die ich fuhr, und an meine – ja, fast waren es Gebete: von diesen Abenteuern des Geistes verschont zu werden und ein ganz gewöhnliches Leben führen zu dürfen. Schmählich!

Rindlberg, 10. Juni

Gestern, kaum war ich schlafen gegangen, überfiel mich eine große Hitze, besonders im Kopf. (Nein, ich bin noch nicht im Wechsel. Und im Moment gerade mitten in der Regel.) Die Extremitäten waren eher kalt. Vorausschicken muß ich, daß ich während des ganzen Tages schon immer wieder in einen geradezu magnetischen Schlaf fiel. Ich war sehr schwach. Hatte aber nicht das Gefühl, krank zu sein. Es war eher wie damals, als Damian starb und ich ihn gern bis an die Grenzen oder darüber hinaus begleiten wollte. Da fiel ich auch immer wieder in diesen Schlaf. Also, im Bett und gegen 21 Uhr wurde es mir doch wunderlich. Ich dachte, vielleicht geht der Kreislauf kaputt, und benetzte immer wieder ein Schnupftuch mit kaltem Wasser und legte es auf meine Stirn. Die Katzen kamen, ich rief sie, aber sie schienen sich vor mir zu fürchten. Wichen vor dem Bett zurück und liefen davon. Ich dachte, spüren sie, daß ich krank bin? Und ich stand auf, um mich im Spiegel zu betrachten. Ich dachte, dieses Glühen im Kopf müßte mich verändert haben. Konnte mich aber im Spiegel kaum wahrnehmen, obwohl ich ein zweites Licht machte. War ganz undeutlich. Da fiel mir ein, daß ich mich schon einmal so erschrocken im Spiegel betrachtet hatte, während ich gleichzeitig einen Stock höher direkt aus der Holzwand zu Gottfried kam. Und schon vorher hatte eine innere Stimme mich beschwichtigt, es wäre etwas ganz, ganz anderes, was gerade mit mir passierte. Ich würde es noch erfahren, und alles wäre gut. Eine halbe Stunde später schlief ich, völlig erschöpft, ein.

Heute morgen berichtete Gottfried: um ca. 21 Uhr – er lag im

Bett und las (ausgerechnet Adorno!), hatte also Licht – ich zitiere:

Gottfried: »Ich hab es satt. Du hast gebrummt!«

Ich: »Abends oder nachts?«

Gottfried: »21 Uhr.«

Ich: »Wie lang?«

Gottfried: »Eine halbe Stunde.«

Ich: »Meine Stimme?«

Gottfried: »Nein. Ganz tief. Wie ein riesiges Tier. Mit einem so großen Kopf.« (zeigt die Größe von etwa 1 m Durchmesser.)

Ich: »Fröhlich?«

Gottfried: »O nein! Gefährlich. Bedrohlich. Wie wenn dieses Tier gleich etwas zerreißen würde.«

Ich: »In meinem Zimmer?«

Gottfried: »Nein, im Vorhaus. Bei der Wäschetruhe.«

Ich: »Hast du Schritte dorthin gehört?«

Gottfried: »Nein, gleich das Brummen. Sehr tief. Sehr laut.«

Ich: (mache es laut vor)

Gottfried: »Nein, nicht diese lächerliche Stimme. Es klang wirklich böse. Und viel, viel lauter. Wie ein Schiff, das ausläuft. Oder Züge auf einem Bahnhof, wenn sie rangiert werden. Aber eben tierisch. Tief. Große Frequenz.«

Ich: »Mit Pausen? Mal leise, mal laut?«

Gottfried: »Nein. Sehr leicht an- und abschwellend. Aber –« (Handbewegung) »wie leichte Wellen.«

Ich: »Und dann?«

Gottfried: »Hörte es auf.«

Ich: »Ging wohin?«

Gottfried: »Irgendwohin.« (Bewegung nach oben) »In die Luft.«

Er sagte dann noch, es wäre wirklich scheußlich, und er wollte wirklich nicht mit mir verheiratet sein. Und ich sollte es keinem sagen, mein Ruf wäre ohnedies schlimm genug. (Bei der Uraufführung von »Jesu Hochzeit« riefen sie auf der Galerie: »Verbrennt's die Ingrisch, die Hex!« Komisch, mich berührt das gar nicht. Oder eben komisch. Während ich mit kalten Kompressen im Bett liege, sitze ich draußen im Wäschkorb und brumme wie ein Bär? Bin ich ein Wer-Tier? Wenn ja, hab ich keinerlei bewußte oder emotionelle Beziehung dazu. Ich fragte Gottfried, ob er nicht nachgeschaut hätte, wie das Ding aussah.

Gottfried: »Du hättest auch nicht nachgeschaut!«

Nein, wahrscheinlich nicht. Mir fiel dann ein, daß in letzter Zeit zwei Rehe fast vor unserem Haus (auf der Straße vor unserem Haus, aber dazwischen liegt die Hauswiese) gerissen wurden. Jedes Mal von einem fremden Hund. (Einmal glaubte man, es wäre ein ganz bestimmter Hund gewesen, und erschoß ihn auf Verdacht.) Natürlich ist alles möglich. Obwohl ich die Rehe den ganzen Winter über füttere und wirklich lieb habe. Also, ich fragte unsere Nachbarin, die Kaufmannsfrau, ob gestern abend vielleicht wieder ein Reh gerissen wurde? Gott sei Dank, es wurde nicht.

Rindlberg, 6. August

Letzte Nacht um 2 Uhr las Gottfried noch im Bett, da hörte er beim linken Fenster meine Stimme, aber fahl, so als wäre ich tot, ein Wort sagen: Yhay. (So klang es wenigstens.) Eine Viertelstunde später entfernten sich leichte Schritte nach links weiter und durch die Wand.

Ich selbst schlief um diese Zeit und habe keine Erinnerung.

Rindlberg, 7. August

Waren bei Arnulf und Helena Neuwirth in Radschin und erzählten die Geschichte. Arnulf identifizierte das Wort als Arabisch: *el Ihýa* – Auferstehung. (Gottfried sagt, es stimmt. Habe ich gestern ungenau notiert?)

Rindlberg, 10. November

Die Ereignisse um Wobischs Tod: Am 20. Februar abends erloschen für Gottfried plötzlich die Farben, begleitet von einem heftigen Schmerz im Kopf. Am nächsten Morgen kehrten die Farben vorübergehend zurück, jedoch verlor er die Orientierung im Raum, erkannte weder Landschaften noch Häuser noch

Menschen. In der Minute, in der für ihn die Welt farblos und dunkel wurde, starb sein Freund Helmut Wobisch. (Ich nannte die beiden immer Milchbrüder, und sie waren es auch.) Dies erfuhren wir aber erst am nächsten Tag. In der darauf folgenden Nacht (überflüssig zu sagen, daß ich mit Gottfried durch die für ihn total verfremdete Landschaft nach Wien fuhr, seinen Arzt Prof. Mlczoch konsultierte, ein Schlag ausgeschlossen werden konnte, ein vorübergehender Knick in der Vertebralis vermutet wurde) war Gottfried von großer Angst gepeinigt. Er irrte durch die Carceri (Piranesi)! In Wirklichkeit irrte er durch die Küche unseres kleinen Hauses und fand nicht mehr heraus. Was er erlebte und durchlitt, waren – so sie mir aus der Literatur vertraut sind – die Zustände des Zwischenreichs. Eine unendlich traurige, trübe, lichtlose Region, ohne Hoffnung, ein Schattenreich. Leere steinerne Häuser an schwarzen Gewässern, lange Gänge, die nirgendwohin führten, leblos, menschenlos, gottlos. Ich mußte, wenn er davon sprach, immer an den Hades denken. Meine Vermutung: er war von Helmut Wobisch entweder besessen oder erlebte sonstwie dessen quälende Wanderungen im Zwischenreich. Vielleicht, daß sich ihre beiden Felder, das lebendige und das tote, wie zwei Radiosender ineinander verwirrten, einander überlagerten. Es war, hier stimmt das Wort, grauenvoll. Als ich ihn in einer dieser Nächte – er hatte sich wieder verirrt, fand sich weder in seinem Zimmer noch sonstwo zurecht – am Arm berührte, schaute er mich aus weit aufgerissenen Augen an: »Berühre doch keinen Geist!« Die Identifizierung war total. (Überflüssig zu erwähnen, daß ich sogar an ein Delirium tremens dachte, mit ihm bei Dr. Peter Berner in der Klinik Hoff war, Untersuchungen und Infusionen erfolgten. Facit: kein Delirium tremens.) Das nächste Stadium war das einzige, bei dem ich nicht als Zeuge dabei war. (Er hielt es kaum eine Minute allein aus, und das Waldviertel war immer noch besser als Wien, wo er nichts mehr erkannte, weder unser Haus in der Nikolaigasse noch die Oper noch die Stadt selbst.)

Dieses nächste Stadium war das blaue Licht. Es kam in der Nacht und blieb auch noch am Morgen, als es hell wurde. Nichts existierte mehr als dieses unendlich freundliche blaue Licht, blau wie der Hintergrund der Bilder Bellinis, auch Leonardo da Vincis, leuchtend, aber nicht grell; dieses Licht war in ihm und außerhalb von ihm, war überall. Er konnte die Konturen seiner Hände, die Konturen der Dinge in diesem Licht erkennen, aber all dies bestand in Wirklichkeit nur aus Licht. Es war, sagt Gottfried, die reine Seligkeit. Dieses Licht war lebendig, sanft, still, nichts wollend, und sonst gab es nichts. Es muß wohl ein Zustand der Erleuchtung gewesen sein, denn ich konnte Gottfried alles fragen, und er antwortete sofort. Ich meine Fragen, die für den normalen Menschen gar nicht beantwortbar sind. Gottfried war in einem Zustand höheren Bewußtseins, zu dem ich bisher keinen Zugang habe. In diesem Zustand war er frei von jeder Angst.

Das nächste Stadium, dessen Zeuge ich wieder war – waren die roten Wälder. Vor unseren Fenstern stehen hohe grüne Fichten, Nadelwälder. Aber Gottfried sah rote, genau: rosarote Laubwälder. Die Bäume waren von keiner auf dieser Erde bekannten Art. Röhrenförmig, sehr schön. Und doch beängstigend, wenigstens für mich, die bloß Fichten sah. Gottfried hatte keine Angst. Nur durfte er nicht hineingehen in die roten Wälder. Da wäre es sonst, sagt er, gefährlich geworden. Dann versanken die roten Bäume, und für Gottfried wurde die Welt grau wie Anthrazit. Als er aber Wobischs Witwe Minka traf, kamen Farben und Orientierung wieder. Und verschwanden, als sie ging.

Der Raum pulsierte, veränderte sich, die Entfernungen schwankten. Zwei Wochen Untersuchungen und Infusionen am Rosenhügel (Prof. Bruck) blieben ergebnislos. Gottfried konnte keine große Partitur mehr lesen, sein Leben als Komponist schien beendet zu sein. Für die Zukunft machten die Neurologen ihm keinerlei Hoffnung.

Da suchte er die mit chinesischer Medizin vertraute Ärztin Dr. Ingrid Wancura (Wien 8, Piaristengasse) auf. Schon bei der ersten Akupunktur waren die Farben wieder da. Sie blieben vier Stunden lang, dann verblaßten sie. Die Behandlung wird noch immer fortgesetzt. Die bunte, vertraute Welt kehrt langsam zurück.

Ich schreibe das erst so spät nieder, weil alle diese Ereignisse vielleicht in einen anderen, höheren Zustand des Bewußtseins führen, aber zugleich sehr qualvoll waren und noch immer sind.

Aber Gottfried komponiert wieder! Zuerst die Laudes Eisgarnenses, zwei Sätze für vier Hörner, und dann die »Lieder von Anfang und Ende«, deren Texte ich schrieb: Gottfrieds Reise durch die Nacht.

Rindlberg, 31. Dezember

Während ich heute abend im Bett ein Reisebuch über Tibet las, ertappte ich mich dabei, daß ich mir Sorgen um einen Knaben machte. Dunkel, etwa 12–15 Jahre, er liegt geisteskrank in einer Klinik, hängt sehr an mir und ist offenbar mein Sohn. Und in dem Moment, als ich mich völlig verblüfft bei diesen Sorgen ertappte, fiel der Vorhang, wurde die kurz aufgeflammte Realität II oder X weggezogen. Übrigens sind hinterher keinerlei Emotionen mit diesem doch traurigen Faktum verbunden. Keine Identifizierung. Nur: als ich noch in die Volksschule ging, erzählte ich, ich wollte nie Kinder bekommen. Bekäme ich eins, wäre es geisteskrank.

* * *

Lieder vom Anfang und Ende

Angst

Im Spiegel hockt der Tod
Und schaut mich an.
Der Tod hat mein Gesicht.

Da färben sich die Bäume rot,
Da fällt auf die Welt ein schwarzer Bann,
Da brennt das Gericht.

Und als die Flammen erloschen sind,
Sind Welt und Spiegel grau.
Die Asche des Lebens verweht im Wind,
Am Morgen fällt kein Tau.

Da schmecken bitter Wein und Brot,
Da werden so fremd mir Weib und Mann,
Da kenn ich mich nicht!

Ich habe kein Gesicht
Und schau mich an.
Im Spiegel hockt der Tod.

Liebe

Bis ans Ende der Welt, bis ans Ende der Zeit
Geh ich mit Dir.
Dein Engel, Dein Tier,
Deine Einsamkeit.

Hinterm Spiegel der Zeit, hinterm Spiegel der Welt
Wart ich auf Dich.
Spiegel, zerbrich!
Dann sind wir vermählt.

Mein Bruder im Land ohne Namen

Wir sind miteinander gegangen
Auf vielen Wegen.
Durch Sturm und Regen
Sind wir miteinander gegangen.
Dann gingst du allein.

Wir bauten zusammen gern Schlösser
Aus Luft und Steinen.

Hörst du mich weinen?
Zusammen, da bauten wir Schlösser.
Was bau ich allein?

Mein Bruder im Land ohne Namen,
Ich wünsch dir leise
Glückliche Reise!
Mög bald ich im Land ohne Namen
Dein Bruder sein.

Tod

Wie war mir bang,
Als mein Spiegel zersprang
Mit rotem Klang!

Blind griff ich in die Scherben,
Ich wollte nicht verderben
Bei Sonnenuntergang.

Die Engel und Dämonen,
Die in den Nächten wohnen,
Nahmen mich in Empfang.

Sie rissen mich in Stücke,
Sie trugen mich zur Brücke,
Die war so dünn und lang.

Als ich war in der Mitten,
Ist mir die Welt entglitten,
Wie dem Fischer sein Fang.

Und mein Herz sang,
Als das Licht mich verschlang
Mit blauem Klang!

Zwischenreich

Da war eine Stadt aus Schatten,
In die hab ich mich verirrt.
Durch die Gassen huschten nur Ratten,
O fänd mich ein guter Hirt!

Die finsteren Wasser schlugen
Um Türme aus kaltem Stein,
Die das Mal der Traurigkeit trugen.
Noch nie war ich so allein.

Die Welt war zu End gegangen,
Und totenstill stand die Zeit.
Ich war als Schatten gefangen
Im Kerker der Dunkelheit.

In Häusern und Korridoren,
Wo lange schon keiner wohnt,
Hab verirrt ich mich und verloren
Im Zwischenreich unterm Mond.

Das blaue Licht

Aus Schatten, Spiegeln und Bäumen
Strahlte blau das Licht
Und löste mich sanft aus Träumen
Von Leben und Tod und Gericht.
Ich habe die Seligkeit geschaut!

Im Licht vergehen die Namen,
Welt und Zeit und Du.
Ich sage demütig Amen
Und geh in der Liebe zur Ruh.
Das Licht ist Bräutigam und Braut!

Mein Bruder im Land ohne Namen

Professor Helmut Wobisch war Generalsekretär, also Chef der Wiener Philharmoniker, und er war selbst einer. Trompeter, und er hat auch auf unserer Hochzeit geblasen. Ein in jeder Hinsicht großer Mann. Extravertiert, irrational, ein feuriger Manager und ein kritischer Idealist. Da paßte nichts zusammen – und alles paßte wunderbar zusammen bei ihm! Er hatte etwa neunmal soviel Energie wie jeder andere Mensch. Seine Instrumente waren die Trompete und das Telefon. Gottfried und er telefonierten mindestens ein dutzendmal am Tag. Kulturpolitik, natürlich. Und welchen Spaß ihnen das machte! Aber was für ein leidenschaftlicher und nachdenklicher Musiker war er zugleich! Von all diesen Gesprächen verstand ich nur wenig. Aber ich liebte es, wenn er um sechs Uhr morgens oder Mitternacht plötzlich in unserer Wohnung in der Marokkanergasse auftauchte, mit irgendeinem Problem, und sogleich fingen die Köpfe und Herzen der Freunde zu glühen an, während ich pausenlos Malventee brachte. Komisch, sie waren damals beide nach Malventee ganz verrückt. Mußte er einmal auf Gottfried warten, machte er Zukunftspläne mit mir. Einer davon war ein zoologisches Bordell mit Maikäfern, Krokodilen, Giraffen. Halt für jeden sodomitischen Gusto etwas. »Net schlagen!«, riet er, wenn Gottfried sich über mich beklagte. Ja, und dann intrigierten ihn die Philharmoniker ab, und er gebar praktisch über Nacht ein Festival, den »Carinthischen Sommer«. Wieviel Malventee da wieder getrunken wurde! Feuer und Luft, das war Helmut Wobisch. Und Feuer und Erde ist Minka, seine Frau.

Milchbrüderls Tod war wie eine griechische Tragödie. Er hatte eine weiße Gelbsucht, und die Ärzte haben sie nicht erkannt. Mit Fehldiagnosen und falschen Operationen brachten sie ihn buchstäblich um. Sinnwidrig schnitten sie ihm alles, was der Mensch zum Leben braucht, aus dem Leib. Und Wobisch schrie, solange er schreien konnte: »Holt mich hier raus! Holt mich raus!« O das unselige Vertrauen in die von mir herzlich gehaßte Schulmedizin…

Als es ihm schlimm und immer schlimmer ging, haben Gottfried und ich etwas gemacht, was ich leider anregte: »Bedien' dich«, sagten wir im Geiste zu ihm, »aus unserer Energie. Wir lieben dich, und sie steht dir zur Verfügung.«

Und er, der Zerstückelte, nahm das Angebot an. Zwei unverwechselbare Energien verwechselten sich. Der Tote und der Lebendige tauschten ihre Positionen, verwirrten sich ineinander, wurden zur bedrohten und bedrohlichen Einheit.

Das habe ich im Nächtebuch nicht erzählt, aber Gottfried fing an, Messer zu kaufen. Lange, scharfe Messer. Wie viele hab ich ihm nachts auf der Wiese vor unserem Haus entwunden, weinend und entsetzt. Denn Gottfried wollte sich selber zerschneiden, zerstückeln. Viel später las ich irgendwo, genau dies gehörte zur Schamanenkrankheit dazu. Und es war ja auch das Jahr des Saturn, des siebenten Planetengottes einer verschollenen Zeit, tot und lebendig zugleich. Der Gott mit dem Messer, Herr der Auferstehung und des Wassermanns. (Alles für Instrumente schreibt Gottfried seither ohne Entwürfe direkt in die Partitur.)

Zum Geschenk der Energie: man muß aufpassen! Zwar, ich verschenke sie immer noch. Jedem, der mir auf der Straße meines Lebens begegnet und mein Mitleid erweckt, biete ich sofort eine Gabe aus dem goldenen Topf an. Aber ich merke, es ist meine eigene Lebenskraft, die ich verschenke. Und sie ist sehr erschöpflich. Wahrscheinlich sollte niemand sich von der gleichen Selbstvergeudung abhalten lassen. Nur muß er auch wissen, sie ist nicht symbolisch. Sie ist ganz real.

Als wir im Sommer nach Wobischs Tod wieder in Bodensdorf waren, schwamm Gottfried eines Nachts über den Ossiachersee und besuchte seinen Freund auf dem Friedhof. Bei der Rückkehr verirrte er sich und verletzte sein linkes Auge am Schilf. Er sah zum Fürchten aus. Und als wir traditionsgemäß mit einem kleinen Flugzeug heimkehrten, verfehlte der erfahrene Pilot die Piste, und um ein Haar wären wir im Wald von Freistadt verbrannt.

Helmut Wobisch ließ Gottfried nicht los. Die Freundschaft der beiden Männer ging offenbar tiefer als die Schichten von

Leben und Tod. Nun, hier sind die anderen Brüder und Schwestern aus dem vertrauten Land mit dem Namen »die Welt«:

Michael Bull habe ich durch Damian kennengelernt. Ein Engländer mit toten Augen. Toten Augen? Vielleicht, weil sie in eine andere Wirklichkeit schauen. Geister und Feen sind, neben skurrilen Aristokraten, sein normaler Umgang. Er ist amüsant, boshaft und vom unwiderstehlichen Zauber eines permanent fallenden Engels umgeben, einem lasziven Heiligenschein.

Unsere Nachbarin ist die Frau der Krämers und unsere Freundin. Sie heißt Marianne, aber wir nennen sie Deideidei. Ein hübsches Geschöpf mit Mutterwitz und böhmischen Augen, in die Gottfried voller Vergnügen schaut. Sie schneidet unsere Haare und seinen Bart, kocht uns Fleischknödeln, wenn wir sehr darum betteln, und als wir den schwarzen William Fisher und seine ebenso schwarze Frau bei ihr einquartierten, sah sie die beiden nachdenklich an: »Mir scheint, des san Ausländer?«

Professor Felix Mlczoch ist Gottfrieds Hausarzt. Wir lieben uns heiß und streiten fortwährend. »Schatzinku«, sagt er, wenn die Fetzen geflogen sind. Dann küssen wir uns, er verzeiht mir Molke und Haferstrohtee, und ich verabreiche Gottfried das von ihm verschriebene, vielleicht ja wirklich heilsame Gift. »Der Hahnemann«, trumpft er auf und klemmt sich das Monokel ins Auge, »war ein Verbrecher!« »No klar«, sag ich dann jedesmal, »und dazu ein Genie.« O diese Prägungen, keine richtig und keine falsch, die unser Leben bestimmen! Denn nie ist die Wahrheit im Entweder-Oder. Vermutlich hat sie überhaupt keinen festen Wohnsitz, sondern spielt wie ein Kind Fangerl und Versteckerl mit uns. Wir haben sie immer für alt gehalten, für uralt. Und in Wirklichkeit ist sie so jung und so stürmisch wie der heurige Wein, und jedes Jahr schmeckt sie anders.

Das ist einer der Vorteile des Älterwerdens: man wird endlich tolerant! Und weiß, es gibt keinen Löffel, mit dem man die Weisheit frißt. Denn auch sie, die Weisheit, wächst wie das Korn aus der Erde, immer dasselbe, und immer ein anderes.

Peter Berner, Ordinarius und allmächtiger Chef der Psychiatrie, ist die Freundlichkeit in Person. Daß er von den Wikingern abstammt, ist ihm sehr peinlich. Er sieht sanft, blond, blauäugig und ganz unheldisch aus. Wie ich, liebt er den alten Kaiser Franz Joseph. Und er hat eine wunderschöne Bourbonenprinzessin geheiratet, die Claire, die auch Psychiater ist, aber hinreißend kocht! Ich hab ihm zugeschaut, wenn er durch die Säle der Verdammten ging, der aus der Wirklichkeit Gefallenen. Und er ging nicht wie einer, der recht hat, sondern wie einer, der liebt.

Arnulf und Helena Neuwirth! Sie ist leidenschaftlich, und er hat ein Sonntagsgesicht. Candide und Medea. An meinen Wänden hängen überall seine Bilder. Persönlich glaube ich, daß er im letzten Leben der Zöllner Rousseau war, und sie seine Muse. Aber natürlich malt er jetzt im Waldviertel ein bisserl anders. Und auch so, daß man jedem seiner Bilder am liebsten ein Busserl geben möcht'. In Helenas Radschin-Verlag, der eigentlich aus drei Suppenwürfel-Kartons besteht, verwandeln sich die Bilder in Bücher. Kleine bibliophile Kostbarkeiten nach Texten von Heine, Stifter, Andersen. Und, naja, Ingrisch.

Das Lied vom blauen Licht hat Gottfried Ingrid Wancura gewidmet, die wir unser Schwesterchen nennen, und die ihm mit ihren chinesischen Nadeln alles zurückgab, was er im Zwischenreich, auf dem Jenseits-Trip, einbüßte. Als Kennerin und Könnerin der Akupunktur ist sie, und nicht nur in Europa, berühmt. Sogar die asiatischen Universitäten bilden ihre Mediziner à la Ingrid aus. Sie selbst hat ein paar Jahre in China gelebt, ohne dabei ihr wienerisches, bemerkenswert reizendes Gesichterl mit den blauen Katzenaugen zu verlieren. Gemeinsam verteidigten wir nächtens die Hainburger Au vor dem Stromtod, und ein grünes Herz schlug in allen drei Brüsten. Nur als Arnold Keyserling, der Große, ihr die Seele des Holzes erklärte, bekam sie Angst. Sie ging in ihre Küche, buk Apfelstrudel für uns und transzendierte, ohne es zu bemerken, die Welt.

Um Himmels willen! War das eine Zeit. Gottfried, der sein eigenes Gesicht nicht mehr erkannte. Und dann noch der Skandal. Wobisch hatte bei Gottfried eine Kirchenoper bestellt, Gottfried dachte an den Prozeß Jesu, und fünf Libretti durchaus bedeutender Autoren wurden verworfen. So kam ich an die Reihe, ich drängte mich nicht.

Die Uraufführung war dann doch nicht in der Kirche sondern im Theater an der Wien, wohin von der Karlskirche eine Lichterprozession zog, singend und mit Transparenten, und das Haus für die Dauer der Oper mit Gebeten belagerte. Mit Schmähchören und Stinkbomben auch, während das sonderbare Fußvolk der Protestierer omnibusweise Nachschub von überallher, auch aus Deutschland, bekam. Ein Mönch in der Kutte gab auf der Galerie die Einsätze für die Buhs, aber geschickt gab er sie nicht. Denn ausgebuht wurden dabei hauptsächlich die originalen Bibelzitate, während aus dem Theaterhimmel etwas Weißes wie Schnee auf mich fiel. »Jö, Blumen!«, dachte ich. Doch sind es die zerrissenen Textbücher gewesen, und dazu brüllten eigentlich ganz adrett aussehende Jungherren aus Wiens besten Ställen, man möge mich steinigen, verbrennen und ich weiß nicht mehr, was alles noch. Gleichzeitig schützte ein gewaltiges Polizeiaufgebot die Übertragungswagen des ORF und des ZDF vor der Erstürmung und Zertrümmerung durch die Frommen. Das ganze Theater war, und auch noch der Platz rundherum, ein brodelnder Hexenkessel, und nicht ganz geheure Energien, die ich bei aller Phantasie nicht in diesem Jahrhundert vermutet hätte, entluden sich wie Gewitter.

Nun ja, ich war gewarnt. Denn schon während der Proben liefen die Strafanzeigen gegen mich an, wurde ich mit brieflichen, telefonischen und direkten Morddrohungen überhäuft, spuckten artige Kinder in weißen Strümpfen Gottfried und mich auf der Straße an. Familien brachen entzwei, Freundschaften auch, in den Landeshauptstädten predigten die Bischöfe von den Kanzeln herab gegen mich, die Gruber Lotte aus Wien-Brigittenau, und meine Mutter sagte, im Augarten könnte sie noch spazierengehen, weil da wäre das bessere Publikum, aber auf der Lände am Donaukanal nicht, dort würde sie nicht mehr gegrüßt sondern, im Gegenteil, beschimpft und verhöhnt. Der Papst in Rom schaltete sich auch ein, und seine Meinung über mich war, wie ich unter der Hand erfuhr, äußerst ungünstig. Der Erzbischof von Wien bestellte Gottfried und mich in sein Palais, und er war wirklich sehr freundlich. Als ich ihm meine Unschuld an dem ganzen Aufruhr beteuerte, sagte er, er verstünde es auch nicht, er fände den Text wunderschön. Und dann, zwei Tage später, protestierte er an der Spitze von 800 Religionslehrern gegen ihn. Zwei Religionslehrer riefen mich sogar an, denn es gäbe, so sagten sie, überhaupt nichts zu protestieren. Doch hätte man ihnen mit der Entlassung gedroht, und ich möge, bitte, nicht bös sein.

Nein, bös war ich nicht. Nur sehr erstaunt. Auch erschrocken. Warum lagen in sämtlichen Kirchen Hetzschriften gegen mich auf? Nein, in einer nicht. Da hat ein Pfarrer, den ich nicht kenne, den ich aber liebe dafür, sie persönlich eingesammelt und vernichtet. Und warum wurden unserem Bundespräsidenten 46 000 Unterschriften gegen mich überreicht, mit der Drohung, die Unterschriebenen würden ihn alle nicht wiederwählen, ließe er die Premiere nicht absetzen. Beides, Wahl und Uraufführung, fand nämlich am gleichen Tag statt. Jedenfalls, er ließ die Oper nicht absetzen, und die Wahl hat er trotzdem gewonnen. »Haben Sie mir«, sagte er, als wir uns das nächste Mal trafen, »Sorgen gemacht!«

Dies war meine erste und hoffentlich letzte Begegnung mit dem Opus Dei, das den größeren Teil aller Aktionen gegen mich organisierte. Den Rest besorgten ein paar Sexualneurotiker und Neonationalsozialisten. Dafür hatte ich die große und gänzlich unerwartete Freude, daß die Elite der Theologen und anderen Wissenschaftler sich öffentlich zu mir, die nicht einmal die Matura geschafft hat, wegen Mathematik, bekannte. Und die Theaterwissenschaftlerin, Frau Professor Margret Dietrich, veröffentlichte sogar im Böhlau-Verlag ein Buch, »Pro und Kontra Jesu Hochzeit, Dokumentation eines Opernskandals.«

Noch heute wundere ich mich, daß ich weder die Nerven verlor, noch zur Flasche griff. Denn es war ja auch die Zeit der roten Wälder, und wenn ich unversehens vor Gottfried auftauchte, fragte er mich, wer ich bin. Nur ein einziges Mal knickte ich einfach zusammen.

Gottfried fand mich im Badezimmer, einen Fuß noch im kalt gewordenen Wasser der Wanne, den anderen auf dem Steinboden, und ich wimmerte irren Blickes in mich hinein. Ganz leise, damit er es nicht hört. »Armer Ratz«, sagte Gottfried und nahm mich in die Arme. Und dann haben wir beide gelacht, so gelacht, daß die Falle der Wirklichkeit, in der wir alle für gewöhnlich sitzen, sich öffnete und uns freiließ. Nicht endgültig. Sie ist längst wieder zugeschnappt, unsere Falle. Aber es genügt schon, zu wissen, daß sie aufgehen kann...

Ich habe noch nichts von den Briefen, Telegrammen und Anrufen mir völlig fremder Menschen erzählt, die mir das Geschenk ihres Verstehens gebracht haben, und das Geschenk ihrer augenblicklichen Freundschaft. Lauter Weggefährten. Obwohl wir ja alle Weggefährten sind, Freunde und Feinde. Wie Blumen und Kraut wachsen und reifen wir in verschiedenen Punkten des Raums und der Zeit.

»Jesu Hochzeit« wurde noch in Hannover gespielt, und die gewissen Autobusse kamen auch dorthin. Nur verirrten zwei davon sich in ein anderes Theater, in dem spielte man gerade Bert Brecht. Gegen den haben die braven Katholiken dann, weil sie den Unterschied ohnedies nicht bemerkten, zum allgemeinen Befremden lauthals protestiert.

Jetzt liegt »Jesu Hochzeit« unter dem Teppich. Und wenn ich auch glaube, daß die Zukunft diese Oper schon wieder hervorkehren wird, denn die Musik ist wirklich sehr schön, und viel mehr noch als schön, kann es auch sein, daß sie gestorben ist. Eine kleine, klingende Märtyrerin des neuen Zeitalters, für das sie gezeugt hat. Brautjungfer der chymischen Hochzeit von Liebe und Tod.

Vogelkäfig

1981

Rindlberg, 20. Juli

Mein Freund Igor Caruso ist gestorben. Ich wußte nicht, daß er krank war. Ich wußte, in den letzten Jahren, überhaupt nur sehr wenig von ihm. Aber Tage vor seinem Tod mußte ich immer wieder an ihn denken, besonders morgens nach dem Aufwachen, und etwas drängte mich, ihn in Salzburg anzurufen. Ich tat es nicht.

In der Nacht vor seinem Tod – oder war er da schon gestorben? ich weiß keine Uhrzeit – träumte mir von ihm. Er sah strahlend aus, viel jünger und sehr schön. Ich sagte ihm das auch. Er sprach eindringlich die Zahl 67 aus. Die Bedeutung verstand ich nicht. Bis ich Montag in der Zeitung las, er wäre gestorben. In seinem 67. Jahr. (Ich dachte, er wäre 69!)

Bodensdorf, 25. Juli

Heute habe ich meine Seele gestreichelt und das kam so:

Nach dem Mittagessen schliefen Gottfried und ich. Da träumte mir, ich wäre in einem freundlichen, hellen Zimmer mit einer offenen Tür in den Garten. Auf dem Boden stand ein Vogelkäfig und darin saß ein kleiner Vogel. Eine Taube vielleicht? Aber viel kleiner. Ich kniete vor dem offenen Käfig. Ich wußte, ich müßte ihn nun schließen, sonst flöge der Vogel fort und käme nicht mehr zurück. Aber es tat mir so leid, ihn einzusperren. Ich streichelte seinen Kopf, ich nahm ihn ein paarmal in meine Hand, ich wollte ihm die Freiheit geben und zögerte doch. Zuletzt schloß ich den Käfig. Und war wieder in der Wirklichkeit, aber unfähig, mich zu rühren. Ich konnte nur, das kann ich immer, stöhnen. Gottfried wachte auf und versuchte, mich zu wecken. Ich fühlte, wie er an meinem Arm zerrte und riß. Aber ich konnte nicht zurück. Gottfried sagt, diesmal hätte es sehr, sehr lange gedauert.

Ist der Käfig mein Körper? Der Vogel meine Seele? Und wer bin ich, der die Macht hat, den Vogel einzusperren oder zu befreien? Wer kniete vor dem Käfig?

Rindlberg, 28. Juli

Heute nacht hat mir wieder von Igor geträumt. Aber während er im Abschiedstraum vor seinem Tod keine Ähnlichkeit mit sich selbst hatte – er war es, das wußte ich genau, sah aber ganz anders aus – glich er diesmal seiner vertrauten Erscheinung. Nur, er war wieder viel jünger und leuchtend schön. Dabei blaß, und er trug einen hellgrauen Anzug. Er und Memi traten aus einem Haus. Sie kamen auf mich zu. Memi legte Kleider in meine Arme. Ich wußte im Traum vom Tod. Aber nicht er, so schien es mir, sondern sein Vater wäre gestorben. Ich begrüßte ihn, und wir küßten uns auf den Mund.

* * *

Igor

Er war der Sohn einer russischen Mutter und eines italienischen Vaters. Einer von den roten Grafen. Orthodoxer Freudianer und Marxist. Die Studenten waren begeistert von ihm. Mir aber schien er, der späte Professor, der so leidenschaftlich gegen die herrschende Gesellschaft und ihre Scheinmoral kämpfte, sonderbar traurig und erstarrt.

Er sah wie eine Kreuzung aus Engel und Raubvogel aus, also sehr gut. Ein schwarzes Leuchten ging von ihm aus. Und er ist, als ich ihn kennenlernte, ein wahrer Mystiker gewesen. Logisch war sie gewiß nicht, seine Entwicklung vom Mystiker zum Revolutionär. Aber logisch an Igor Caruso war, zum Glück, nichts.

Unsere erste Begegnung fand auf einem Friedhof am Traunsee statt, mitten in der Nacht und bei strömendem Regen. Ich war damals achtzehn oder neunzehn, und Friedhöfe übten einen großen Zauber auf mich aus. So begann unsere Freundschaft inmitten von Gräbern, und sie wurde lebendig und hielt fast ein Leben lang an. Dazu gehörte auch Memi, seine Frau. Filigran damals, zerbrechlich, die schöne Prinzessin von einem Land, das es nicht gibt.

Aber da war dieser Traum, und er kam immer wieder. Das Haus auf dem Hügel. Ein breiter Kiesweg mit schwarzen Laternen. Eine steinerne Treppe. Ich gehe auf dem Weg und über die Treppe, und mein Herz klopft vor Freude. Wie gut kenne ich dieses Haus! Memi und Igor leben dort, doch sind sie Geschwister. Sehen ganz anders aus und sind doch dieselben. Ich aber bin im Traum noch ein Kind.

Das weiße Licht

1982

Rindlberg, 13. April

Einiges wäre zu berichten, obwohl es irgendwann in diesem Jahr passierte, ich notierte es nicht sogleich.

Einmal träumte ich von einem jungen Mann, der mich verfolgte und jeden Menschen in meiner Nähe mit einem Messer erstach. Ich fürchtete mich vor ihm, er aber schien mich zu lieben. Die ganze Stadt sprach darüber, und man erzählte, er wäre kein junger, sondern ein alter Mann mit einer Maske.

Als er das nächste Mal – es war in einem Lift – plötzlich neben mir stand, mit dem Messer, beobachtete ich ihn genau. Dunkles Haar, tiefe Stirn, junge Ohren. Aber: je drei Querfalten in den Wangen seines jungen Gesichts, als wäre das Fleisch unter der Haut oder Maske schon mürb. Und rund um das Gesicht etwas wie ein dunkler Saum, dort, wo Haut und Maske sich berühren mochten. Aber seine Hände waren jung, und die Linien – das war erstaunlich – kreisförmig und weiß, blau, vielleicht auch rot. Keine dünnen Handlinien, sondern sehr farbig und breit. Er nahm meine Hand, betrachtete meine Linien und sagte: »Du bist eigentlich ganz gemütlich.« Er sagte noch etwas, aber das hab ich vergessen.

Kurz darauf traf ich Karin Schwarz in Wien. Sie erzählte mir von einem Traum, der sie sehr geängstigt hatte. Ein alter Mann mit einem Messer beugte sich über sie. »Natürlich«, sagte ich. »Ich kenne ihn, das ist Saturn!« Und als ich es aussprach, wußte ich, daß es stimmt. Mein junger und ihr alter Mann mit dem Messer – Saturn. Ich muß über ihn nachlesen.

Hab ich den Traum von Fritz Wotruba schon erzählt? Auch irgendwann. Er starb vor einigen Jahren. Im Traum begegnete ich ihm. Er war in Begleitung eines schwarz gekleideten Mannes, und ich wußte, daß er so etwas wie ein evangelischer Bischof war. Er gab uns Champagner zu trinken. »Du fehlst uns«, sagte ich zu Fritz, und wir küßten uns auf den Mund. Nicht sinnlich, es war eher so, wie zwei Seelen einander küssen mögen. Und ich begriff, daß der ev -angelische Bischof (= Aufseher) ein schwarzer Engel war, der Engel des Todes. Irgend etwas Wichtiges passierte dann noch, aber ich hab es vergessen.

Bei Gottfried spukte ich mehrere Male, visuell, und noch öfter akustisch. Sprach Worte, und manchmal sprach ich sie wirklich. Zum Beispiel vor ein paar Tagen. Er kam morgens herunter – ich schlafe im Ostzimmer des neuen Traktes zu ebener Erde, er im Westzimmer des alten Hauses im ersten Stock, dicke Mauern dazwischen. Er sagte: »Hast du heute nacht um 3.30 Uhr *Tier* gesagt, mehrere Male?« Das hatte ich wirklich. Ich war aufgewacht, hatte auf die Uhr geschaut, die Zeit stimmte genau. Alle vier Katzen lagen in meinem Bett. »Tier«, sagte ich, »Tier, Tier, Tier, meine Tiere.« Nur, mit den Ohren kann er das nicht gehört haben!

Aber es passierten noch viel sonderbarere Sachen, hätte ich sie bloß gleich notiert! Jetzt ist die Erinnerung daran fast erloschen.

Am 16. Jänner starb meine Mutter, und ich wußte es *nicht*, als ich sie zwei Tage zuvor das letzte Mal sah.

Nachdem das Krankenhaus angerufen hatte, stellte ich einen Korbsessel für die tote Mama zurecht, lud sie zum Sitzen ein, baute auf dem Fußboden Kerzen für sie auf, setzte mich dazu und sprach mit ihr. Erklärte ihr, daß sie gestorben sei, und so weiter.

Ein paar Tage später spielten unsere Katzen verrückt. Zuerst Sabinettchen, das auf dem Weg zum Haus starrte, als käme jemand, aber niemand kam. Sabinettchen flüchtete. Gleich darauf sprang Schneeflöckchen mit einem solchen Satz von der blauen Kommode neben dem gewissen Korbstuhl, daß es alle meine Bücher und Manuskripte zu Boden fegte, raste in panischer Angst durchs Zimmer, warf einen kleinen Tisch um, warf ein Kupfertablett auf die Erde, ebenso mein Kamin-Besteck, verfehlte das Katzenloch in der Tür, schleuderte die Fußmatte davor ein paar Meter weit und floh mit gesträubtem Fell. Ich habe Gottfried die Verwüstung gezeigt.

Kann, dachte ich, eigentlich nur die Mutti sein. Ich hieß sie willkommen, obwohl ich selbst überhaupt nichts wahrnahm. Etwas später suchte ich die Katzen. Sie saßen über dem Treppengeländer im ersten Stock und steckten den Kopf durch die Stäbe. Guckten ängstlich ins Vorhaus hinunter. Ich schleppte sie hintereinander zu mir ins Zimmer, aber sie sträubten sich ganz entsetzlich und sprangen mir mit Gewalt aus den Händen. Auf und davon! Viel später kam Schneeflöckchen sehr, sehr vorsichtig ins Zimmer, die Augen pausenlos auf den Korbstuhl gerichtet, um den er in großen Bögen herumschlich. Dabei setzte er die Pfötchen so langsam und scheu auf den Boden, als schliche er auf Zehenspitzen. Sonst ist er ein kleiner Plumpsack. Mümmy und Gättchen waren nicht da.

In Wien, in der Nikolaigasse, erzählte Gottfried mir eines Morgens: »Heute nacht war lauter Gesindel da. Vier Gestalten, schwarz wie der Rauch von verbranntem Gummi. Sie gingen einfach durch unsere Mauern und Wände hindurch. Meine erste Reaktion: ich fragte mich, dürfen die das?« Angst hatte er offenbar keine. Er war eher erstaunt. Und der Eindruck von Gesindel war ziemlich stark.

Meine Vermutung: da war früher ein Kloster der büßenden Frauen, ob die gespukt haben?

Etwas, das ich auch längst aufschreiben wollte: Damals, als Gottfried das Brummen des großen Tiers hörte, sah er ein Wesen aus grünem Stein. Auch das Gesicht wie aus grünem Stein geschnitzt oder geschnitten.

Und jetzt das Wichtigste, dessentwegen ich dieses Tage- oder vielmehr Nächtebuch wieder zu schreiben beginne:

Sonntag, am 4. April in Wien, war ich nachmittags in den Kammerspielen bei der Fernseh-Aufzeichnung meiner »Kybernetischen Hochzeit«. Ich kam gegen 17 Uhr nach Hause, gerade, als die Glocken der Stephanskirche läuteten. Alle Glocken, wegen Ostern oder der Karwoche. Gottfried lag im Bett, als ich in sein Zimmer schaute. Er schien sehr verwirrt und bat mich, ihn allein zu lassen. Etwas später stand er auf. Er sagte, er hätte wieder so etwas wie das blaue Licht erlebt, aber diesmal akustisch. »Ich hörte«, sagte er, »die realen Glocken. Und die irrealen zugleich, die Glocken jenseits dieser Wirklichkeit.« Es wäre so schauerlich und zugleich so schön gewesen. »Wer«, sagte er immer wieder, »ruft mich da?« So etws hätte er nie zuvor gehört. Dann passierte es. Zwischen Lift und »Regenwurm« gleich nebenan, wo wir Erdäpfelgulasch aßen.Und ausgerechnet dabei erlebte Gottfried das *Weiße Licht*. Ich glaube, sein Entsetzen war ebenso groß wie sein Entzücken. Es wäre wunderbar gewesen, aber schauerlich, und warum gerade er? Er wollte das wirklich nicht haben! Es gab plötzlich keine Welt mehr, nichts, nur dieses blendend weiße Licht. Und dieses Licht wäre aus ihm selbst gekommen! Als ich sagte – nachher, denn währenddem sprachen wir nicht, ich war voller Angst, denn ich merkte, irgend etwas höchst Ungewöhnliches und vermutlich Erschreckendes passierte mit ihm, am liebsten wäre ich fortgelaufen und hätte Hilfe geholt, aber ich beherrschte mich gewaltsam, und das alles bei Erdäpfelgulasch! Also, ich sagte, der Titel des Ägyptischen Totenbuchs lautet übersetzt: »Das Heraustreten ins Licht«. »Dann ist«, sagte Gottfried, »die Übersetzung falsch. *Das Heraustreten des Lichtes* müßte es heißen!« Die ganze Zeit war er wie in Trance. Wir saßen dann noch daheim, im kleinen Salon, und tranken Sekt. (Nicht viel.) Ich fragte ihn, ob er auch ins Feenreich gehen könnte, und wie ich es anstellen sollte, die Feen zu erkennen? »Durch den Geruch«, sagte er. Ich: »Du meinst, ihre Gestalt ist der Duft?« Er: »Ja, genau.«

Allmählich – und zu meiner großen Erleichterung, trotz allem – wurde sein Zustand wieder leiblich und irdisch. Wir lachten. »Ausgerechnet im Lift!«, sagte Gottfried. »Ausgerechnet beim Erdäpfelgulasch!«

Übrigens wußte er in diesem Zustand – ich fragte ihn –, daß es weder den Tod noch das Ich gibt.

Ich selbst bin seit Monaten wie die Erde. Winterlich, zu. Noch keimt und wächst nichts. Ich habe, eigentlich seit etwa zwei Jahren, das Gefühl, auf etwas vorbereitet zu werden, zu warten. Falle manchmal auch bei Tag in einen geradezu magnetischen Schlaf. Aber das eigentliche Medium, der Mystiker, der Schamane ist Gottfried.

Rindlberg, 2. Mai

Heute nacht half ich einem Mann – noch nicht sehr alt, kein Greis – beim Sterben. Ich kenne ihn nicht, obwohl er mir nachts vertraut schien. Er löste sich nur sehr schwer von seinem Körper. Ich rief noch jemanden zu Hilfe, der mehr Macht hatte als ich. Leider erinnere ich mich nur mehr an so wenig. Ich sagte dem Mann, er könnte ins Leben zurückkehren oder in den Tod, ganz wie er möchte, und vor keinem von beidem müßte er Angst haben. Ich weiß dies alles nur, weil die Katzen mich weckten. Da war noch etwas, noch viel – aber ich weiß es nicht mehr.

Dann war da ein reißender Strom, an dessen Ufer meine toten Eltern einander wiederfanden. Ich stieg in den Strom, wagte aber nicht, in seine Mitte zu schwimmen. Ich hatte Angst, nicht mehr ans Ufer zurückkehren zu können. Ich blieb nahe am Ufer und schwamm gegen den Strom, um nicht fortgetrieben zu werden. Und weiß, wußte es auch nachts, daß dies ängstlich und falsch war.

Noch anderes muß ich nachtragen. Am Morgen des 21. April, 7.45 Uhr, erlebte Gottfried in der Nikolaigasse – und er betonte, es wäre kein Traum gewesen – die Freiheit des Todes.

Er sah sich selbst, ein System aus schwarzen, innen gelben Röhren – wie Wotruba seine Menschen gezeichnet hat –, die von kosmischer Energie erfüllt waren. Und wußte, war frei dazu, jederzeit und an jeder Stelle diese Energie anzuhalten, die Röhren zuzudrücken – all dies in wunderbarer Freundlichkeit. Es gibt, sagte er, weder Ego noch Tod.

Zwei Nächte später erwachte ich nachts in Rindlberg in der Starre. Mummy lag auf meinem Arm und störte den Kreislauf.

Da entschloß ich mich, aus- und aufzusteigen. Es war herrlich wie eh und je. Merkwürdigerweise waren bald unter mir hohe Häuser. Ich spürte, wie meine Energie nachließ, und ich stürzte ab, lag als nackte Hexe vor einem der Häuser. Ein Polizist kam auf mich zu. Nur: ich war Hexe und Polizist! Als Polizist fühlte ich, wie die Hexe meinen Penis eregierte. Sehr komisch.

Wien, 29. April

Heute nacht träumte mir in Rindlberg von unserem Bundeskanzler Kreisky, den ich überhaupt nicht mag. Mir träumt aber immer wieder von ihm, und zwar immer wieder völlig okkult. Dann mag ich ihn auch, und es ist, als hätten wir eine Menge Geheimnisse miteinander. Leider habe ich die früheren Träume, da ich sie für Unsinn hielt, nicht notiert und fast vergessen. In diesem Traum berief Kreisky eine Versammlung ein, vor der er erklärte, sich außerhalb seines Körpers begeben und daselbst agieren zu können. Ich war auch in dieser Versammlung, und wir schauten einander verständnisinnig wie zwei Auguren an. Tauschten unsere Informationen jenseits der Sprache aus.

Am Morgen beim Frühstück erzählte ich Gottfried den Traum, weil ich ihn für so komisch und unpassend hielt. Zum Mittagessen waren wir beim Staatssekretär Weselsky in Wien. Das Thema kam ausführlich und sehr persönlich auf Kreisky, da erzählte ich, noch immer aus Jux, den Traum wieder.

»Ja, ich weiß«, sagte Weselsky. »Kreisky kann diese Dinge. Er ist total übersinnlich. Wir beide (Kreisky und Weselsky) können einander außerhalb des Körpers beleidigen und verletzen und uns wieder versöhnen, alles, ohne einander physisch in die Nähe zu kommen.«

Da war ich wirklich perplex.

Rindlberg, 10. Mai

Heute hat mir geträumt, ich verwandelte mich. Ich wurde auf einmal jemand ganz anderer. Meine Mimik, meine Bewegungen, einfach alles. Ich tat nichts dazu und konnte nichts dagegen tun. Es war ziemlich unheimlich. Einmal sprang ich in die Luft.

Hinter mir gingen zwei Menschen – ich glaube, es waren mein erster Mann Hugo und Margit, seine zweite Frau. Ich konnte ihnen gerade noch zuraunen: »Folgt mir! Beobachtet mich! Ich verwandle mich in jemand anderen!«

Rindlberg, 30. Juni

Was seither geschah:

Der übliche Polterspuk im Haus mit Seufzen und Krawall. (Mehrmals von Gottfried gehört.) Auch Stimmen. (Gottfried sagt, meine.)

Eine neue kleine Khmer-Katze bekommen. Als sie in der Nacht vom 18. zum 19. Mai in meinem Bett schlief, merkte ich, wie sich das Spektrum meines Bewußtseins ganz wesentlich verschob. Ich hatte das Gefühl, in diesem Zustand wäre einfach alles möglich. Wagte aber nichts, da ich das kleine Tier nicht erschrecken wollte. Kämpfte auch, wenngleich nicht mit vollem Erfolg, gegen die Ausfahrt aus dem Körper an.

Ich weiß nicht, was die kleine Katze – sie lag in meinem rechten Arm – dabei sah. Jedenfalls schrie sie mit ganz hoher Stimme, sprang von meinem Bett und raste aus dem Zimmer. Da war sie – oder vielmehr er, es ist ein Kater – genau 13 Wochen alt, zutraulich und freundlich. Am nächsten Morgen verhielt sie sich mir gegenüber normal.

Dazwischen wieder der übliche Spuk.

Am 26. Juni fuhr ich nach Salzburg, um auf Einladung die Abschluß-Rede beim Igor Caruso-Symposium (vor einem Jahr gestorben) zu halten.

Erst in der Eisenbahn, etwa zwanzig Minuten vor Ankunft, machte ich mir ein paar Notizen. Im letzten Moment hatte ich als Reiselektüre »Alice hinter den Spiegeln« anstelle des bereits vorbereiteten Kriminalromans eingesteckt. Igor hatte mir vor vielen Jahren »Alice im Wunderland« geschenkt, und er identifizierte mich (ich besitze das Buch mit seinen dies beweisenden Anmerkungen noch) mit Alice. »Alice hinter den Spiegeln« hatte ich mir selbst schon vor einiger Zeit gekauft, wollte das Buch mehrmals lesen, nahm es in die Hand und – stellte es unaufgeschlagen wieder ins Bücherregal. Keine Ahnung, warum. Sogar im Zug las ich den »Kurier«.

Nun, in der Eisenbahn dachte ich plötzlich: vielleicht möchte Igor mir noch etwas sagen? Ich war gerade mit meinen Notizen zu Ende. Nahm das Buch aus der Handtasche und schlug es irgendwo auf, wobei ich den Finger blind auf eine Stelle legte.

Es war die Seite 42 und 43 der Insel-Taschenbuch-Ausgabe 1974, Buch Nr. 97. Mein Finger lag auf: »Fahrkarten, bitte! sagte der Schaffner und streckte den Kopf zum Fenster herein«, bis zum Bild auf der gegenüberliegenden Seite 43, das genau so ein Abteil wie das zeigt, in dem ich saß, noch dazu auf dem gleichen Platz wie Alice. (»Es tut mir leid, aber ich habe keine«, sagte Alice verängstigt; »es gab keinen Fahrkartenschalter dort, wo ich herkomme.«) Der Schaffner schaut mit dem Fernrohr zum Fenster herein, und gegenüber sitzt »der Herr in Weiß«, »der Herr im Anzug aus weißem Papier«, und neben ihm eine Ziege mit Brille, die ich aber für den großen Gott Pan mit Brille hielt, und ein Käfer, den ich nicht bemerkte.

Ich stand auf und ging zum Ausgang und spürte Igor bei mir, hatte auch dieses gewisse süße Ziehen in der Brust wie mit 18 oder 19, als ich verliebt in ihn war.

Meine Rede war – das sage ich, weil es dazu gehört – ein Riesenerfolg. Ich saß auf dem Stuhl, wo er sonst präsidierte, und er war einfach *da*. Die Alice-Geschichte hab ich dabei erzählt und das Bild gezeigt. Auch gesagt, daß er ein großer Schamane mit zwei viel zu kleinen Hilfsgeistern war: Marx und Freud, und man sollte sie endlich zum Teufel jagen. Statt mich rauszuschmeißen (waren lauter orthodoxe linke Freudianer), bedankten sie sich einzeln bei mir.

In der gleichen Nacht las ich, wieder in Rindlberg, »Alice hinter den Spiegeln«. Aber das ist eine Jenseitsreise! Die Welt hinter den Spiegeln ist das Totenreich! Ich strich dies alles in meinem Buch an, das wirklich ein Brief von Igor ist und eine persönliche Botschaft.

In der darauf folgenden Nacht ging ich wieder durch das jenseitige Wien, in dem ich schon fast alle Plätze und Gassen kenne. Fuhr mit einem Lift mehrmals rasend schnell hinauf und hinunter (in dem Hotel, wo ich meistens wohne; auch jenseitig) und landete am – jenseitigen – »Neuen Markt«. Dort, wo die Kapuzinergruft ist, war eine hohe graue Mauer, vor der eine winzige Frau stand, kleiner als eine Zwergin. »Aber dort ist kein Eingang!« rief ich, gerade, als Gottfried der Winzigen folgte, die Mauer sich einen Moment auftat und beide dahinter verschwanden. (Wenn ich mich nicht irre, gibt es die Mauer wirklich, im rechten Winkel zum realen Eingang. Muß das in Wien überprüfen.)

Ich ging ein paar Traumschritte weiter, links an der Mauer vorbei, und war in einer Ruinen-Stadt. Die Ruinen waren mondgrau, regelmäßig wie Kristalle und wunderschön. Gleich darauf verließ ich meinen Körper und flog zwischen den Ruinen entlang. Es war herrlich, ich wußte, nun war wieder alles möglich, und überlegte, ob ich in die Milchstraße oder überhaupt aus diesem Universum heraus wollte. Dachte dann aber: »nein, lieber Gott – denn es gibt Dich, wenn auch nicht als Person – ich warte, was Du mir zeigst!«

Da machte es Bums! vor meiner Tür, ein höllisches Gepfauche, und ich fiel mit rasendem Herzklopfen in meinen Körper zurück. War schon eine Enttäuschung. Nein, weder der Teufel noch der liebe Gott, nehme ich an. Einfach die Katzen! (Obwohl ich nicht nachgeschaut habe.)

30. Juli

Nachzutragen wäre:

etwas Wichtiges bei Caruso ließ ich aus. Er, der mir – belegt in meinem Roman »Amour Noir« – immer wieder sagte: »Das Leben ist kein Traum!« (Wir stritten oft darüber, denn ich halte es für einen), korrigierte – falls »Alice hinter den Spiegeln« eine Botschaft enthält, sein Urteil, denn das Buch endet mit den Worten: »Leben: bist du nicht nur Traum?«

Dann: vor vier Nächten träumte mir, ich bestattete Paul Zsolnay und Igor Caruso, zwei meiner besten und liebsten Freunde. Paul starb vor 22 Jahren, Igor vor etwas über einem Jahr. Ich trug (genauer, schleifte links und rechts hinter mir her) ihre beiden Särge einen Berg hinauf, ich war allein, und oben auf dem Berg war ein wunderbarer Garten. Wie eine englische Landschaft, dachte ich im Traum. Und erst jetzt, da ich dies niederschreibe, erkenne ich die Landschaft der Engel. Also, ich bestattete sie da oben. An das Graben von Gruben erinnere ich mich nicht! Eher stellte ich die Särge in diesen englischen Garten hinein.

Plötzlich war ich im Kreis meiner Familie. Mein lebendiger Bruder, meine tote Mutter, mein toter Vater, der zurückgekehrt war. Er sah großartig aus, und wir feierten das Fest seiner Rückkehr aus dem Totenreich.

In der nächsten Nacht träumte ich von jenem Haus auf dem Hügel, in dem ich Igor und Memi so oft in Träumen besucht habe. Ich ging von Raum zu Raum und erkannte sie alle wieder. Igor war bei mir, und träumend erzählte ich ihm meinen Traum.

Nachzutragen wäre auch: schon vor einigen Jahren saß während einer Abendgesellschaft Dr. Kronfeld, einst Paul Zsolnays Arzt, mir gegenüber und schaute mich immerzu an. Also ich dachte, ich hätte eine Eroberung gemacht. Nach Aufhebung der Tafel kam er auf mich zu und sagte: Sie haben, dann etwas Lateinisches, den Namen einer Krankheit. Ich merkte ihn mir aber nicht.

Am 16. Juli wieder eine Party, fast mit denselben Menschen. (Bertl Moser, Hanny Steffek, die Haschecks, Greterl Reif, neu nur Frau Kronfelds Sohn.) Wieder saß Dr. Kronfeld, inzwischen 80, mir gegenüber und schaute mich an. Da erzählte ich seinem Stiefsohn die Geschichte von damals. Dr. Kronfeld hörte es, nickte und sagte: »Mitralstenose. Daher Ihre rote Gesichtsfarbe. Eine Herzklappe schließt schlecht. Von einer Operation rate ich ab.«

Zurück in Rindlberg, las ich natürlich im Großen Brockhaus über Mitralfehler nach. Stimmt genau! Daß ich keine Luft kriege, hielt ich für eine kleine Katzenallergie, und die rote Haut käme, dachte ich, vom gelegentlichen Suff. Nein, also Mitralstenose. Ich war irgendwie sehr dankbar und froh. Eine geschenkte Diagnose (ich geh doch so gut wie nie zum Arzt), vorher das geschenkte Todesdatum. Also März 1988 Herztod. Herrlich!

Übrigens wäre ich heute nacht beinahe erstickt. Dies wird wohl öfter kommen. In den letzten Jahren habe ich auch so viel Energie verloren, daß ich fast dachte, der Prozeß des Sterbens müßte begonnen haben. Ich wehre mich nicht.

Rindlberg, 23. September

Was sich seit der letzten Eintragung ereignete:

Im August waren wir wieder in Ossiach. (Wobisch! Auch begraben ist er dort.) Als Gottfried am 21. oder 22. erwachte (hab es auf beiden Kalenderseiten notiert) erzählte er mir folgenden Traum:

Er sprach mit Peter Weiser, ehemals Generalsekretär des Konzerthauses, den er nie mochte. Es ging ums Verrissenwerden.

Weiser: »Sie sind ja noch nicht ausgegoren, Ihre Stück sterblich.«

Gottfried: »Das verstehen Sie nicht, weil Sie nicht wissen, was mit mir vorgegangen ist. Bin aus Fleisch und Blut und sterblich gewesen. Aber die Stücke, die ich damals schrieb, als ich noch endlich war, waren bereits Destillate. Transsubstantiation. Ich bin in die Erde gefahren und bin dort wie die Pflanzen, wenn sie verwesen und Humus abgeben. Komme aus einem Loch dieser Erde als eine Art Duft und Gewölk heraus, als der Verbrannte. Ganz bewußt ist seiner selbst dieser Dampf, diese Wolke, steigt in die Atmosphäre und verliert sich. Denn Glut ist, was ich machte, mit meinem Leib wie Parfüm versetzt. Ich nähre mich von der Zeit. Vom Geiste der Zeit. Ich bin überall. Bin das Blatt, bin das Licht, bin die Erde. Ich bin jedes Blatt, jedes. Ich bin die Luft, die brennende, glühende Luft. Haben Sie das verstanden?«

Damit ging er weg. Als Wolke oder Person? Weiser war erst verächtlich, dann erstaunt. In der Nähe befanden sich Herr Endler, Herr von Mautner und Caspar Neher. Die Lebenden und die Toten waren eins.

Vorher, am 9. August vormittag, ist Sabinettchen gestorben, ein so geliebtes Katzentier. Gottfried und ich fuhren gerade von Salzburg nach Steinbach/Attersee in Angelegenheit Mahlers

Komponierhäusel. Da war auf einmal eine Brücke, auf der stand *Dachs*-Brücke. »Schau«, sagte ich, »Sabinettchen hat eine eigene Brücke bekommen.« Denn wir nannten Sabinettchen auch Dachs, weil sie einen dicken Popo gekriegt hat. Ja, das war – nach Angaben der Greißlerin und Nachbarin Frau Marianne Kuttner in Rindlberg – die Zeit, als Sabinettchen von einem Auto überfahren wurde und starb.

Ich weinte nicht mehr so viel wie bei den anderen Katzen, obwohl ich sie besonders liebe. Irgendwie weiß ich etwas, bin irgendwo mit ihr zusammen. Aber mein Normalbewußtsein hat davon nichts gespeichert oder abgegeben.

Ansonsten war immer wieder der normale, von Gottfried registrierte Spuk. Schwere Schritte, wenn niemand ging; Worte, wenn niemand sprach; Krachen, Türenschlagen et cetera. Bei Tag und bei Nacht.

Auch sieht er die prächtigsten Lichtspiele und Farbengarben auf Himmeln, die für mich einfach grau sind.

Heute morgen erzählte er mir, er hätte seit 5 Uhr früh an Pater Focke denken müssen, der seit Wochen verschollen ist, auf einer einsamen Bergtour in den Dolomiten verschwunden. Gottfried sagte, er wäre tot (ich hielt einen Ausstieg für möglich), langsam und gräßlich gestorben, läge schief in einer Felsspalte und wollte ihm etwas mitteilen. Er ging noch einmal hinauf in sein Zimmer, um die Botschaft im Schlaf oder einem dritten Bewußtseinszustand genauer zu empfangen.

Ich warte auf seine Rückkehr und habe Angst.

10.30 Uhr: ging aus Sorge hinauf zu ihm. Gottfried: »die Berge rauchen und brennen. Kalkberge, pyramidenförmig. Drei. Keine Vegetation. Aber nichts Bedrohliches…«

Er möchte noch warten, ob eine Botschaft nachkommt.

Ich nehme an, sein Bewußtsein ist mit dem Pater Fockes ineinandergeraten wie damals bei Wobisch, und er begleitet ihn ins Zwischenreich, auf den Jenseitstrip.

11 Uhr: Letzte Botschaft: eine freundliche Wiese mit Blumen.

Gottfried ist völlig erschöpft. Er sagte, er hätte alle physischen Auflösungsprozesse klar und deutlich mitgekriegt. Ist nicht sicher, daß es schon vorbei ist.

14 Uhr: Keine weitere Botschaft.

Hingegen vergaß ich: seit Wochen gehen meine Uhren nicht mehr. Das taten sie eigentlich nie richtig, sondern *alle* gingen, wenn ich sie trug, vor. Jetzt gehen sie nach oder überhaupt nicht. Insgesamt drei Armbanduhren streikten, dann noch meine Biedermeier-Wanduhr, deren Schlüssel jetzt auch verschwunden ist. Habe das Gefühl von Zwischenzeit. Gottfried schenkte mir eine Armbanduhr von sich selbst, die trage ich jetzt.

Rindlberg, 26. September

Heute nacht träumte ich, ich würde im Schamanismus unterwiesen. Die mich unterwies, war eine Frau mit rundem Gesicht, in mittleren Jahren, gütig und sehr lieb. Sie würde nicht mehr lange leben.

Sie führte mich auch in eine Art Laden, wo ich Schamanenliteratur bekam und ein blaues Schamanenkleid. Ich wurde weiter belehrt, aber plötzlich merkte ich, daß ich vor einem hohen Spiegel stand und selbst sprach, und mir selbst lauschte. Ich war Lehrer und Schüler zugleich.

Rindlberg, 28. Oktober

Über die Verbindung mit Christiane Thurn, Schloß Rastenberg, sollte uns ein Russe – Alexander Steckler – besuchen, der die Gabe hat, Leute in vergangene Zustände (Zeiten, Leben) zu katapultieren. Am 27. sollte er kommen, und wir freuten uns darauf. Am 25. besuchte ich die Gräber meiner Mutter und meines Vaters. Mutti war sehr stark anwesend, Papa nicht mehr. Ich erzählte beiden, daß ich übermorgen zu ihnen ins Totenreich käme. Denn ich wünschte mir, von dem Russen über die »Dachs-Brücke« (siehe Sabinettchen) ins Totenreich geführt zu werden. Ich bat Mutti, mir zu helfen, mich zu erwarten, mir zu leuchten, Zeichen zu geben.

Nun, Steckler sagte im letzten Moment ab, wird erst später kommen. Aber: in der Nacht vom 26. zum 27. habe ich mindestens dreimal den Körper verlassen. Zuerst schlief ich sehr schlecht, dann aber, ab 2.30 Uhr früh, spürte ich die Starre, und unmittelbar darauf wurde ich jedes Mal mit einem ungewöhnlich starken inwendigen Zug nach *unten* gerissen. Nicht, wie gewöhnlich, nach oben. Ich weiß nicht mehr, wo ich war. Hätte es sofort notieren sollen, war aber nach jeder Reise völlig erschöpft. Vielleicht waren es mehr als drei, ich habe das Gefühl, es waren viele. Einmal hatte ich plötzlich Schwierigkeiten, durch den Fußboden zu fahren. Versuchte es ein paarmal, es klappte nicht. Da dachte ich: ich muß aufhören, den Fußboden wahrzunehmen. Infolge welcher Frequenzverschiebung mir dies gelang, weiß ich nicht. Es gelang eben, und ich sauste nach unten. Auf einer dieser Fahrten sah ich mich selbst in einem Glas, wie das Fenster eines schwach erleuchteten Zugs, der durch einen Tunnel fährt. Mein Gesicht verwandelte sich in das Kindergesicht. Da wünschte ich mir, auch mein Totengesicht zu sehen. Ich sah es.

In der Nacht vom 27. zum 28. läutete (in mir selbst, offenbar) das Telefon. Ich hob ab. Pause. Dann die Stimme meiner Mutter, fast flüsternd: »Lotte... Lotte...« Mein Gott, sie hat also auf meinen Besuch gewartet, und ich kam nicht!

In letzter Zeit häufen sich wieder die Zustände einer sonderbaren Müdigkeit. Als wäre der Docht meiner Kerze so tief heruntergeschraubt, daß sie kaum noch brennt. Ich glaube, ich bin dann wo anders oder in einem anderen Zustand meines Bewußtseins. Vor einigen Tagen, in einer solchen Phase – ich hatte mich auf die Studierliege gelegt, sah ich plötzlich mit geschlossenen Augen ein Universum aus winzigen, einander umkreisenden Sternen. Leider ging ich nicht in diese Sterne hinein, sondern hatte Angst, weil ich in der Starre war und kaum noch Leben in mir fühlte. Also versuchte ich unter großen Anstrengungen, in den Normalzustand zurückzukehren. Ehe es gelang, sah ich unter mir sehr deutlich den braunen Stoffsitz eines alten Stuhls. Hier kenne ich keinen solchen. Wo bin ich gewesen?

Rindlberg, 2. November

Bin sehr stolz! Schwebte heute um 13 Uhr zu Gottfrieds Zimmertür herein, sehr schlank und schöner als in Wirklichkeit, wozu nicht viel g'hört, in wallenden hellgrünen Samt gekleidet. Gottfried sagt, er ist sehr erschrocken, denn ich war absolut hexenhaft. Zu seiner großen Erleichterung schwebte ich durchs geschlossene Fenster, ohne mich weiter aufzuhalten, wieder hinaus. (Faktisch lag ich um diese Zeit auf meiner Studierliege links unter ihm in meinem Nordzimmer – seins liegt rechts davon im Stock – und las seine Biographie.)

Was vorher geschah: Ende Oktober hing ich meine Schreibmaschine an den Nagel, nach Beendigung des »Tulifanten«-Librettos für Gottfried. Schulde ihm nur noch drei Gedichte für Jahreszeiten-Lieder. Daß dadurch Energien freiwerden, ist mir klar. Und ich möchte mit ihnen eine Brücke hinüber schlagen, ins Totenreich, in die Unterwelt, in den anderen Zustand meines Bewußtseins.

Seit zwei Tagen zünde ich Kerzen für geliebte Tote an, abends, denke an sie, und dann trommle ich. Zu meiner eigenen Überraschung habe ich auch beide Male gesungen, mit einer Stimme, die mir fremd, anders schien. Spontane Schamanenlieder, die um Einlaß in die Unterwelt bitten. Sie formulierten sich in Wort und Ton (lapidar, monoton, aber irgendwie gewaltig oder gewalttätig, unheimlich) von selbst. 1. Abend: tote Eltern und Großeltern, 2. Abend: tote Liebhaber, heute, 3. Abend, kommen die drei toten Katzen Wui Wui, Pelzchen und Sabinettchen dazu.

Vorgestern blieb auch die Schweizer Uhr, die Gottfried mir überlassen hat, stehen. Da begriff ich endlich, daß ich raus aus der Zeit soll.

An Gottfried dachte ich einmal im Zwischenzustand als an Chlorikar, aber der Name erinnert ihn an gar nichts. Und später rief ich, im gleichen Zustand, weinend nach meinem Tuka. Tuka? Vielleicht mein Schutzgeist? Ich las, das Tier, das zu einem spricht, wird zum Schutzgeist. Wui Wui, mein Kater, hat einmal nachts, aber ich war wach oder im Zwischenzustand, mit mir gesprochen. Ist er Tuka? Heute nacht, es ist Vollmond, gehe ich nach dem Trommeln, während noch die Totenkerzen brennen, mit einer Flasche Rotwein auf sein Grab, das auch meines sein wird.

(Drei Jahre später sollte ich von einer alten Druidin erfahren, daß *Tuka* ein keltisches Wort ist und den Geisterpfad zwischen den Welten bezeichnet, das Zwischenreich.)

Rindlberg, 8. November

Ein paar Horror-Nächte. Versuchte, auszutreten. Fiel aber immer wieder in den Körper zurück.

Rindlberg, 26. November

Heute nacht, gegen 1.30 Uhr, wieder gespukt. Gottfried erwachte von dem Lärm in meinem alten, zur Zeit unbewohnten und auch den Katzen unzugänglichen Zimmer. Als würden, sagte er, sämtliche Möbel umgeworfen.

Ich selbst bin wieder krank. Habe seit Jahren etwa ein halbes Dutzend Grippen pro Winter. Spüre, wie ich immer mehr Kraft verliere.

Rindlberg, 30. November

Habe gestern zum ersten Mal um ein Krafttier getanzt. Ich glaube, es wird mein schwarzer Kater Wui Wui sein. Zuerst trommelte ich und sang. Dann tanzte ich mit den Rasseln und sang, obwohl ich das gar nicht wollte, wieder. Ich komme erstaunlich schnell in den Trance-Zustand. Mein Ziel ist noch immer das Totenreich, der Tanz über die Brücke. (Dachs-Brücke).

Nachts träumte ich, ich wäre mit einer riesigen, langen schweren Eisenstange mitten auf einer großen hohen Brücke. Die Farbe schien dunkelbraun zu sein. Wie ich hinkam, wußte ich nicht. Nur, daß ich die Eisenstange nicht mehr tragen konnte. Ich ließ sie fallen, achtete aber darauf, daß sie nicht von der Brücke rollte. Rechts von mir, in einem großen Fluß, saß im Boot ein Mann. Eigentlich nicht so, wie ich mir Charon vorstelle. Etwa 30, herzförmiges Gesicht, kräftig, gekraustes oder kurz gelocktes Haar, nicht lang, blond, vielleicht kupfer. Obwohl auch in der Mitte des Flusses, schien er unendlich weit fort zu sein. Die Brücke – sie machte mir Angst und Unbehagen, ich fürchtete, abzustürzen – war so hoch. Ich rief ihn bei einem Namen, den ich nicht mehr weiß. Ich mußte ein paarmal rufen, vielleicht dreimal. Ich rief, ich könnte die Stange nicht mehr tragen, er möge kommen, und mich über die andere Hälfte der Brücke geleiten. Er kam nicht. Er sagte, ich könnte und müßte es allein tun. Dann wachte ich auf.

Am Morgen fragte ich Gottfried, wozu man eine Stange auf einer Brücke braucht; ich wußte es wirklich nicht. Er sagte, zur Balance, um das Gleichgewicht nicht zu verlieren.

* * *

Saturn

Immer schon hat er mich fasziniert. Auch, viel früher, erschreckt. Das ist eine düstere Liebesgeschichte, aus der eines Nachts – oder auch jenseits aller Nächte – ein großer Glanz brechen wird.

»Du hast«, sagte Arnold Keyserling vor mehr als zwanzig Jahren zu mir, »den Saturn im Heim. Sei froh! Sonst hättest du überhaupt keine Probleme.« Es war das erste Horoskop meines Lebens. Mond im achten Haus. Und Saturn. Tag und Nacht. Es war also eine Schande, keine Probleme zu haben? Nun, vielleicht keine Schande. Aber förderlich nicht! Probleme scheinen so etwas wie die PS der Seele zu sein. Ein Motor, der uns antreibt. Ohne Probleme bleiben wir einfach stehen. Mitten auf dem Weg.

Der Quälgeist Saturn. Aber da war die Maske im Traum. Und ein Geheimnis, das ich, viel früher schon, spürte. Saturn ist ein noch unerkannter Gott, und eine große Erregung geht von ihm aus. Wen sie erfaßt, der wird durch sie verwandelt. Dabei habe ich mir immer eine gemütliche Idylle gewünscht, die sich schön langsam ins Überirdische verklärt. Nein, ich bekam sie nicht. Sondern sie erfaßte mich, die Erregung des Saturn, als ich ein Kind war, und ließ mich bis heute nicht los.

Da rede ich von Göttern, als wären sie wirklich. Und sie sind es! Wirklichkeit im Singular gibt es nicht. Schütteln Sie das Kaleidoskop Ihres Bewußtseins, und Sie werden sich wundern! Da fügt sich *etwas* zu immer neuen Welten zusammen, zu immer neuen Bildern, zu Göttern und Gott. *Etwas*, das wir kennen und nicht erkennen, von dem wir getrennt sind, und eins mit ihm. Wirklich ist also alles und nichts.

Hüten wir uns vor denen, die das Territorium der Wirklichkeit als Wahrheit abstecken und als Besitz! Die Wirklichkeit ist ein Prozeß, der nach allen Richtungen verläuft, seitig und gegenseitig, und ihr Kriterium ist die Nichtendgültigkeit.

Goldmarie

Als mein »Reiseführer ins Jenseits« erschien, schrieb sie mir mit goldener Tinte einen Brief. Dem spontanen Stil nach war sie ein junges Mädchen. Dann traf ich sie auf einem Fest Arnold Keyserlings, ich weiß nicht mehr, war es das Fest Neptuns? Und ich bin so erschrocken!

Hekate, dachte ich und lief buchstäblich davon. Unbeirrbar folgte sie mir. »Wir kennen uns«, sagte sie. »Aber du mußt keine Angst vor mir haben. Wir führen die Toten hinüber.«

Es gab Linsensuppe, und in Panik aß ich mindestens fünf Teller davon. Dazu trank ich alles, was ich bekam. Weißen Wein, roten Wein, Bier. Denn mir graute aus ganzem Herzen vor ihr.

Heute sind wir Freundinnen. Sie ist wohl in meinen Jahren, oder ein bißchen darüber. Blond oder schon weiß? In einem Augenblick ist sie ein junges Mädchen, und im nächsten eine uralte Frau. Mit blauen Augen, die manchmal zum Fürchten sind. Und sie lebt in beiden Welten zugleich. (Ich noch nicht!) »Das war ganz leicht«, sagte sie. »Als Kind hab ich mich einfach geweigert, die andere loszulassen.« Sie sieht die Sonne als goldenes, durch den Himmel tollendes Tier, und die Toten als farbiges Leuchten. Die Feen, sagt sie, sind wie flüssiges Glas. Ja, und in einem anderen Zustand unserer selbst – und es gibt vielleicht unendlich viele? – sind wir den Toten beim Sterben behilflich. Denn zuerst müssen wir tot sein, dann können wir sterben. Wir sind ja auch schon, bevor wir geboren werden, lebendig. Und vielleicht geht auch dem Tod ein Akt der Zeugung voran?

Ich habe Ihnen von Goldmarie, wie ich sie nenne, erzählt, um den Traum vom 2. Mai zu deuten. Denn vielleicht war es gar keiner?

Dreimal Vielleicht. Aber möglich wäre es schon, daß unsere Existenz mehr Dimensionen hat, als wir ahnen, und daß wir in jeder ganz jemand anderer sind.

Olla Podrida

Der »Regenwurm« ist ein Beisel in der Singerstraße, Kreisky war unser Bundeskanzler, und Eugen Veselsky, wie er sich richtig schreibt, ein höchst ungewöhnlicher Staatssekretär.

Der kleine, inzwischen schon sehr große Khmer-Kater heißt Mea Mea, Äffchen und Seidenprinz. Auch Mejajaja, neuerdings. Er ist die Freundlichkeit in Person und wird von irgendeinem Dämon gejagt, den wir nicht sehen. Er aber schon! Eines Nachts fuhr ein Auto ihn an. Es sah nicht so aus, als wäre er noch zu retten. Hintereinander brachte ich ihn zu drei Tierärzten. Wieder daheim, streckte er sich auf dem Boden meines Zimmers zum Sterben aus. Er stieß kleine, zärtliche Laute aus, als nähme er Abschied von mir. Ich lag weinend neben ihm. Spürte, wie er kalt und steif wurde. Da lief ich zum alten Kirschbaum vor meiner Tür, legte meine Hände auf seine Rinde und bat ihn um Kraft. Bat ihn verzweifelt, und dann legte ich meine beiden Hände auf das sterbende Tier. Der Kirschbaum hat es wieder lebendig gemacht! Ich sage die Wahrheit, und Gottfried kann sie bezeugen.

Dr. Kronfeld, der Arzt, der kein Flugerl auf mich hatte, ist inzwischen gestorben. Bertl oder vielmehr Professor Albert

Moser ist Chef des Musikvereins und Präsident der Salzburger Festspiele, und seine Frau Hanny Steffek Kammersängerin und eine Köchin von Gottes Gnaden. Und wenn wir zufällig einmal die Pest bekommen, die zwei laden uns, ohne mit der Wimper zu zucken, ein. Zwei gute Menschen, und trotzdem amüsant! Die Hascheks, das sind der berühmte Urologe (Ritter, glaube ich, vom Goldenen Hoden) und Präsident des Musikvereins Horst und seine Frau Traudl, reinster Jugendstil mit Doktorat, die dem Gottfried die köstlichsten Busserln und Linzeraugerln und Vanillikipferln bäckt. Vanillikipferln, und was für welche, backt auch das Greterl Reif-Gintl für ihn, die Witwe des vorletzten oder vorvorletzten Staatsoperndirektors, und mit achtzig schaut sie noch immer, wenn man sie aus den Augenwinkeln betrachtet, wie das süße Wiener Mädel von Schnitzler aus, aber nicht aus der Vorstadt! (Woraus eindeutig hervorgeht, daß ich nicht bakken kann, obwohl ich schon vor Jahren einen kleinen Backofen erstand, auch viele Kuchenformen, aber alles platonisch. Gott sei Dank, sagt der mißtrauische Gottfried.)

Jetzt kommt endlich jemand, den ich nicht loben muß. Peter Weiser, ehemals Generalsekretär vom Konzerthaus und jetzt so etwas wie ein Energiesparrat der roten Regierung, und bestimmt hat er kein grünes Herz. Sparen kann auch eine Form der Ausbeutung sein. Gottfried und ich sparen selbstverständlich Energie, aber nicht mit dem Rechenstift, sondern weil wir uns vor der Erde genieren. Wir, die Läuse in ihrem schönen grünen Pelz.

Mahlers Komponierhäusel ist das Komponierhaus von Gustav Mahler am Attersee, und der Gastwirt, dem es gehört, hat wirklich ein Häusel daraus gemacht, ein Pissoir. Das ließ Gottfried, der Mahler nicht nur heiß liebt, sondern auch Präsident der Mahler-Gesellschaft ist, nicht ruhen. Er kämpfte zwei oder drei Jahre lang wie ein Löwe, und jetzt ist es kein Pissoir mehr, sondern ein Denkmal. Aber Sabinettchen! Sie säße wahrscheinlich noch auf meinem Schoß und schnurrte. Also wenn ich da die Wahl hätte...

Pater Focke, Professor, Literaturwissenschaftler, Jesuit. Einer der liebsten und gescheitesten Menschen. Ich lernte ihn kennen, als er im Fall »Jesu Hochzeit«, zusammen mit dem Psychiater

Erwin Ringel, dem Theologen Wilhelm Dantine, dem Religionsphilosophen Arnold Keyserling, Roman Roček, der die Kultur unseres Rundfunks programmiert, und noch ein paar anderen, ebenso großartigen Leuten Partei für mich ergriff. Viel später sagte Gottfried noch, Pater Focke würde im Frühling gefunden werden, nach der Schneeschmelze. Und so war es.

Herr Endler ist ein Musikkritiker, Herr von Mautner Markhof war Bierbrauer und ist jetzt tot, Caspar Neher war Bühnenbildner, einer der größten!

Christiane Gräfin Thurn, die unter ihrem Mädchennamen Singer Literatur schreibt, ist eine hinreißend schöne Französin, und Alexander Steckler ein mystischer Masseur, Russe, mit goldgerändertem Zwicker. Er ist später gekommen. Versetzte mich in Trance und ließ mich horizontal in der Zeit reisen, und vertikal in der Erkenntnis. Ich beschrieb die Welt als Ei, dessen Schale der Tod nicht zerbricht, und doch beginnt erst hinter jener Schale der Glanz…

Und Pelzchen! Liebe auf vier Pfoten. Ein kleiner Tigerkater mit schwarzen Ringelstrümpfen. Alle Tage putzte er hingebungsvoll mein Gesicht. Ich fand ihn eines Morgens, als ich die Milch holen ging. Eines seiner Augen war aus der Höhle gesprungen. Ein Autofahrer, und Gott segne ihn nicht. Im »Tulifanten«, Gottfrieds neuer Oper, deren Libretto ich schrieb, haben wir Pelzchen ein singendes und tanzendes Denkmal gesetzt. Daß mein zärtlicher Kater sich dabei in ein Mädchen verwandelte, verzeiht er mir gewiß.

Erlkönig

1983

Rindlberg, 6. Jänner

Letzte Rauhnacht. Ich trommelte. Und, ohne es zu suchen, fand ich mein Tier. Ich verwandelte mich in eine Schlange und tanzte horizontal auf dem Boden. Wand mich und zischte. Ich bin eine Schlange. Die Schlange ist mein Tier.

Rindlberg, 20. Jänner

Träumte heute nacht, Gottfried stürzte sich von einer Brücke in den Fluß. Ich flehte ihn an, es nicht zu tun, denn in dieser Stadt lebte ein Mann, der genauso aussah wie er, und man würde Gottfried im Fluß für diesen anderen, seinen Doppelgänger, halten. Gottfried sprang – auch im Traum war es übrigens Nacht – und mir, schon am anderen Ufer, wurde sehr schwindelig. Plötzlich lag ich im Bett, und Gottfried erschien als Doppelgestirn am Himmel. Genau: sein Kopf erschien zweimal nebeneinander und zog über den Himmel, dabei lächelte er und winkte mir mit dem Zeigefinger (also mit zwei Zeigefingern) zu, ihm zu folgen. (Die Köpfe waren nicht auf einer Linie, sondern der zweite etwas höher als der erste.) Er war übrigens Gottfried und zugleich *Gott* persönlich. Ich beschloß, mich in die Lüfte zu erheben, um seinem Ruf zu folgen. Während mein Energieleib sich erhob, rollte mein irdischer Leib im Traum aus dem Bett, und ich hörte seinen Fall. Davon bin ich dann erwacht. (Aber ich bin nicht wirklich gefallen.)

Übrigens: in der letzten Nacht des Jahres 1982 träumte ich, ich erwartete den Feuer-Ritus, eine Initiation durch Arnold Keyserling. Erwacht, schrieb ich und bat ihn darum. Er rief an und sagte, dies täte er gerade wirklich. (Ich hatte keine Ahnung, daß es so etwas wie einen Feuer-Ritus überhaupt gibt.) Am 18. Jänner hat er ihn an mir vollzogen. Ging alle Inkarnationen bis zum Feuer mit mir zurück und ließ mich das Feuer in meine jetzige Existenz heraufholen.

Dann: Gottfried erwachte von einem zweimal laut in seinem Schlafzimmer gesprochenen Namen: Scutucena (oder Scutuzzena). Jetzt suchen wir in allen Sprachen nach der Bedeutung. Als er übrigens ein Kind war, rief er – so oft er ein Feuer sah – Ajecha! aus. Welche Sprache?

Schlafwagen, 27./28. Februar,
Traum an der Grenze.
(Österreich – Schweiz)

Ich bin im Haus in Rindlberg. Gottfried und noch zwei oder drei Menschen (meine verstorbene Mutter?) stehen mit uns in meinem Zimmer. Ein Sturm erhebt sich. Er ist so gewaltig, daß wir alle umhergeschleudert werden. Klammern uns ans Gebälk. Wände biegen sich, geben nach. Ich werde mehrmals nach oben geschleudert, bis zur Decke. (Nicht unangenehm.) Die Südwand birst im Sturm, legt sich um. Der Himmel ist frei. Wir flüchten in den alten Teil des Hauses, wo – im Gegensatz zum Holz meines Zimmers – Steinmauern sind. Wiederum werde ich zur Decke emporgewirbelt.

Neuer Schauplatz: großer Raum, unpersönlich. Warteraum? Jede alte Frau, die eintritt, stürzt an einer ganz bestimmten Stelle, immer derselben, zu Boden. Die letzte ist eine dunkle, grauhaarige Dame mit blauen Augen. Dunkelgraue Kleidung. Ich gehe zu ihr, frage: »Haben Sie sich weh getan? Kann ich Ihnen helfen?« Ich ziehe sie sanft hoch. Andere kommen. Ich will sie warnen, einen anderen Weg führen. (Bin ich die alte Dame?)

Wieder das Haus in Rindlberg. Viele Leute. Fein, elegant. Ich gehe durch die offene Südwand in mein Nordzimmer hinein. Die Einrichtung ist neu, sehr edel, teuer. Ich will telefonieren. Statt des alten grauen Telefons stehen drei rote, neue, sehr beschwingte Telefone da. (Helles Purpurrot? Nicht grell.) Ich kenne mich noch nicht mit ihnen aus, will es aber erlernen. Gehe zu den anderen Leuten hinaus.

Rindlberg, 18. März

Liege um 12 Uhr mittags nach dem Essen auf meiner Liege. Augen geschlossen. Im Lid meines rechten Auges kommen drei Gestalten aus einem hohen Wald auf mich zu. Ihr Geschlecht und ihre Gesichter kann ich nicht erkennen. Muß an die drei roten Telefone denken. (Anrufung?)

Rindlberg, 6. April

Letzte Nacht wachte ich, kurz nach dem Einschlafen, perplex wieder auf. Ich hatte etwas total A-menschliches geträumt. Ich wollte es festhalten, aber – wie immer – entzog es sich mir. (Wie immer, wenn die Information nicht aus diesem Leben, dieser Welt ist). Das nächste, was ich – wach – sah: Ich verließ unser Haus als große blaue Kugel. Ob es doch eine Erinnerung an den Traum war? Die Kugel war übrigens gar nicht strahlend, eher blaugrau, ungleichmäßig schattiert.

Übrigens sehe ich – jetzt auch mit dem linken geschlossenen Auge (mit dem rechten schon lange!) ein wunderbares Blau, das es in Wirklichkeit gar nicht gibt und das mich irgendwie glücklich macht. In der Schweiz habe ich einen Freund (Peter Mieg, Maler und Komponist) gefragt, ob er das auch hat. Er sagt ja, aber bei ihm ist es Orange.

Mit beiden (geschlossenen) Augen sehe ich erst, seit Willi Keyserling für mich auf der Schamanentrommel trommelte. Zwar fiel ich nicht in Trance, spürte aber jeden Schlag auf meinem Scheitel. (Fontanelle.)

Rindlberg, 14. April

Heute nachmittag spielte Schneeflöckchen verrückt. Raste total verängstigt im Haus umher und versteckte sich in allen Ecken. Gleich darauf kam Gottfried herunter: ein Erdbeben war!

In der gleichen Nacht, noch vor dem Einschlafen, gab es lauten Krach und Getöse in meinem Zimmer. (Schreibzimmer.) Ich stand auf, um nachzusehen. Alle drei Kater standen mit Buckeln und gesträubtem Fell vor der kleinen Katzentür, die in den Raum führt, wagten sich nicht hinein, wichen rücklings zurück. Ich ging hinein. Der Raum war völlig geschlossen, keine Tür nach außen, auch keine Katzentür oder ein Fenster, geöffnet. Aber ganz offensichtlich hat es gespukt. Komisch, ich hatte überhaupt keine Angst und ging wieder ins Bett.

Rindlberg, 19. April

Heute nacht – irgendwann vor 3.30 Uhr früh – Ausfahrten en suite. Und die sonderbarsten Bewußtseinszustände. Könnte mir vorstellen, daß sie mit Rauschgift so sind. Oder einfach in parallelen Leben? War bestimmt nicht in der Normalwelt. Überlegte, ob ich Licht machen und gewaltsam wach bleiben sollte. Riet mir selbst aber, lieber neugierig statt ängstlich zu sein. Etwas Dunkles, Glitzerndes, Bedrohliches hing wie ein fremdes Universum über mir. Oder war es das eigene? Und während der ganzen Zeit hörte ich die – sehr langsamen – Hufschläge eines Pferdes, das rund ums Haus trabte, immer rund ums Haus. Wußte zugleich, daß dies normalerweise nicht möglich war. Kein Pferd in der Nähe und Wiese ums Haus; aber diese Hufe schlugen auf Stein.- Luzider Zustand der Betäubung. Flucht-Ausfahrten. Einmal auch nach New York. Sonst zu Gottfried. Bei der letzten Ausfahrt flog er mit mir, und wir begatteten uns in der Luft. Eine neue Erfahrung! Unsere Körper waren dabei so leicht und durchlässig wie Luft oder Wind. Herrlich! Aber Gottfried, als ich ihn heute morgen fragte, wußte nichts davon.

Übrigens: ein paar Nächte vorher – aber ich war noch wach – ein Blitz der scheinbar totalen Erkenntnis. Ich *wußte*. Und, im gleichen Moment, wurde das Wissen unter meinen Füßen (oder unter meinem Kopf) weggezogen wie ein Teppich, und nichts davon blieb. Aber muß nicht alles in mir drin sein, wenn so was passiert? Ich weiß alles, aber dieses Wissen ist mir nicht zugänglich.

Rindlberg, 21. Mai

Am 9. Mai – wir waren um 4 Uhr früh aus Münster in Linz angekommen, und ich legte mich noch etwas hin – stundenlanges, schreckliches Steckenbleiben zwischen zwei Bewußtseinszuständen. Völlige Lähmung und waches Erleben aller Träume. Volle oder fast volle Denkfähigkeit (hoffte, der Lärm des Briefträgers um 9 Uhr würde mich befreien oder die Katze auf meinen Beinen) und Unfähigkeit zur kleinsten Handlung.

Aber, immer und wachsend, das unirdische Blau zwischen den Augen. Über der Nasenwurzel.

Und heute nacht habe ich mich in den Elbenkönig verliebt. Das war so: ich träumte, wie schon so oft, ich wäre mit vielen Menschen zusammen auf einem Fest. Dort begegnete mir ein jüngerer Mann, etwa 30–40, gut aber unauffällig aussehend, lichtblaues oder graublaues Gewand – eher Jeans-Anzug als Festgarderobe. Wir unterhielten uns. Er saß, ich stand neben ihm. Und von Zeit zu Zeit schnellte ein buschiger dunkler Tierschweif bei ihm hoch. Das gefiel mir schon im Traum, und er gefiel mir überhaupt. Mit den anderen Menschen konnte ich wenig anfangen, obwohl auch die Mitglieder unserer (realen!) Regierung und Opposition (Sinowatz, Mock etc.) dabei waren. Später nahmen alle in einer Art Amphitheater (ansteigende Sitzreihen) Platz. Ich setzte mich ganz allein in eine Reihe. Da kamen die beiden »Hoheiten« des Abends, so wurden sie allgemein genannt, auch Namen hatten sie, die ich aber nicht mehr kenne, nur, daß sie Bruder und Schwester waren, weiß ich noch – also, sie kamen auf mich zu. Menschen saßen plötzlich neben mir, sie mußten den Hoheiten Platz machen. Der Mann setzte sich neben mich und seine Schwester, die ich gleich mochte, neben ihn. Es war mein geschweifter Herr. Ich freute mich sehr. Vorher hatte ich nicht gewußt, daß er der Ranghöchste des Abends war. Wieder später irrte ich durch verfallene Räume, versteckte mich vor den Leuten, eine alte Frau wollte meine Schuhe putzen, ich ließ es nicht zu. Und wieder später trat mein Geschweifter auf mich zu. Ich war verwirrt, ich war selig, und wir umarmten und küßten uns. Es gab nichts Sexuelles zwischen uns, nur Liebe und Entzücken.

Heute, als ich nach dem Essen zwischen 12 und 13 Uhr lag, dachte ich darüber nach, wie ich seine Identität ausfindig machen könnte. Denn ich liebe ihn wirklich. Plötzlich wußte ich… »Der

Erlkönig mit Kron und Schweif…« Hoheit (er trug keine Krone) und mit Schweif! Gleich darauf fiel mir ein, daß ich einmal gelesen habe, Erlkönig wäre eine Verstümmelung seines anderen Namens: »Elbenkönig«. Zum Erlkönig habe ich übrigens eine geradezu magische Beziehung. Pflanzte Erlen, erbat Kopien von Arnulf Neuwirths Bild »Erlkönig«, schrieb über ihn, et cetera. Aber mein Liebster, der Elbenkönig! (Ich glaube, wir aßen und tranken auch miteinander an einem langen Tisch, noch ehe ich ihm ans Herz sank; bin aber nicht völlig sicher.)

Rindlberg, 9. Juni

Am 4. Juni umarmte ich unseren alten Kirschbaum und bat ihn um Kraft für ein Lied. (Das erste der Waldviertler Lieder, die ich für Gottfried schreibe.) Ich kam zurück ins Zimmer, und Mümmy, unser zutraulichster Kater, fürchtete sich so vor mir, daß er mit weit aufgerissenen Augen gesträubten Fells rücklings vor mir zurückwich. Hat die Gabe des Kirschbaums meine Erscheinung verändert?

Heute nacht wurde ich im Traum luzid und konnte zaubern wie im Märchen. Menschen in Tiere verwandeln, Männer in Frauen, ich konnte alles träumen, was ich träumen wollte, und ich überlegte klar, welche Erfahrungen ich gern machen würde, und sofort wurden sie zu Bild und Geschehen. Ich beschloß auch, nicht aufzuwachen, sondern die luzide Traumzeit zu nützen. Viele Male fuhr ich dabei aus dem Leib, hatte allerdings zwei Pannen. Einmal kam ich an eine obere materielle Grenze, die ich nicht durchdringen konnte, und fiel mit einem Plumps in meinen Körper zurück. Dann erinnerte ich mich an die seitliche Wegroll-Methode und probierte sie – dabei fiel ich, offenbar physisch, aus dem Bett. Kroch ärgerlich wieder hinein, und das nächste Mal wurde ich nicht, wie gewöhnlich, durch eine Stoßkraft von hinten hochgeschleudert, sondern flog gewissermaßen mit Vorderantrieb, als würde ich durch die Luft schwimmen, davon. (Alles nach 2.30 Uhr.)

Als ich am Morgen Gottfried davon erzählte, berichtete er mir, daß auch er offenbar aushäusig war. Er las die halbe Nacht, und dabei flog er ein paarmal knapp über dem Boden in den sonderbarsten fremden Landschaften herum. Im nächsten Moment setzte er unvermittelt seine Lektüre fort, und ebenso unvermittelt befand er sich immer wieder ganz woanders.

Rindlberg, 13. Juli

Einiges ist nachzutragen: am 15. Juni besuchte ich meine alte Keltin. (Sills-Fuchs.) Sie behauptete, ich würde erst mit 70 Jahren sterben, ganz sicher. Fuhr anschließend ins Waldviertel und grübelte in den frühen Morgenstunden, ob sie am Ende recht hätte? Dies brächte ja meine ganzen Pläne († 88) durcheinander. Dann dachte ich, drei unserer Katzen sind tot, drei lebendig, die siebente zum Nachbarn ausgewandert. Die Balance zwischen Dies- und Jenseits. Welchem Zünglein neigt die Waage sich zu? Bat, ohne dabei an einen Katzentod zu denken, um ein Orakel. In dieser Minute stürzte Gättchen, die 7. Katze, die ausgewanderte, sich unter zwei Autos und war sofort tot. (Schilderung Marianne Kuttner, Nachbarin.) Es bleibt also beim März 88. Liebes kleines Gättchen! Mein Orakeltier.

In der Nacht träumte ich dann, es war die nächste Nacht, ich feierte Silvester. Träumte es mehrere Male in einer Nacht.

Ein paar Nächte später wurde ich im luziden Traum sehr von Dämonen bedrängt. Konnte ihre Entstehung verfolgen, wie sie sich verdichteten und eindrangen in mein Zimmer. Schlimme Nacht. Ein Dämon war grün.

Wieder ein paar Nächte später geschah meine Ausfahrt rücklings, aber so komisch; als würde ich blitzschnell an einem unsichtbaren Schwanz nach hinten fortgezogen, schräg aufwärts, im Flug. Die Reise ging wieder mitten hinein in die Sterne.

Dann, vor 2 oder 3 Nächten: ich war, wie so oft, in meinem anderen Wien. Dort treffe ich mich auch mit Toten. (Herbert Zand.) Habe eine Wohnung, die ich genau kenne. Man wollte mir kündigen, weil ich sie noch nicht bezogen habe. Versprach, es bald zu tun. Sah dann eine Kirche im Wasserfall. Ungeheuer schön!

Übrigens geht es mir nicht gut, meine Kräfte nehmen ab.

Rindlberg, 16. Juli

Heute hab ich endlich wieder gespukt! Dachte schon, ich hab es verlernt. Um 6.15 Uhr früh. Meine Schritte im ganzen Haus, Türenschlagen, Lärm. Gottfried kam ganz ärgerlich herunter. Ich schlief (natürlich!) fest. So fest, daß er mich nicht einmal durch Rufen wecken konnte. Habe auch, außer um 4 Uhr, mein Bett nicht verlassen.

Rindlberg, 10. August

Gottfried erzählte mir heute morgen, nach Mitternacht hätte er Stimmen aus allen Mauern gehört, vornehmlich aus der Südwand seines Zimmers. (Er schläft zur Zeit ebenerdig im sogenannten Kabuff.) Viele Stimmen, etwa ein Dutzend. Was sie sagten, konnte er nicht verstehen, doch klangen sie nicht extrem emotionell.

Rindlberg, 11. August

Heute nacht, auch erst sehr spät, hörte Gottfried aus der gleichen Mauer lauter Seufzer. Ich bekam im Traum zwei Hunde geschenkt, einen gelben und einen grauen.

Rindlberg, 15. August

Eine Albtraum-Nacht. Es spukte beinahe ununterbrochen. Knarren, Klopfen, Tappen. Ich machte immer wieder Licht, zu sehen war nichts. Immer wieder verfiel ich auch in die Starre, aber die Ausfahrt gelang nur einmal, und da sauste ich rücklings geradeaus mitten ins Holz hinein. Zweimal mitten in der Nacht (etwa 3 Uhr)laute Musik direkt vor meinem Fenster. Natürlich war alles dunkel und keiner da. Ein Dämon saß neben meinem Bett und stürzte sich auf mich. Ich wollte per Ausfahrt flüchten, blieb aber im Körper stecken. War am Morgen und den ganzen Tag wie gerädert.

Rindlberg, 17. August

Mir scheint, Mutti kommt heute wieder auf die Welt.

Mir träumte, ich müßte ihr zum Geburtstag ein Paar Schuhe und eine Handtasche schenken. Während ich die ganze Stadt nach dem Passenden durchwühlte, erschien immer wieder Papa und riet mir, mich gegen Tollwut impfen zu lassen, er selbst hätte es auch getan. Ich lehnte die Impfung ab. Neue Schuhe könnte, übersetzt, bedeuten – neuer Lebensweg. Handtasche – darin bewahrt man die Zeugnisse seiner Identität auf. Impfung gegen Tollwut – keine Rache, keine Aggression aus der Vergangenheit in die Zukunft austragen?

Rindlberg, 29. August

Heute nacht etwa 1.30 Uhr hörte Gottfried, wie er mir am Morgen erzählte, Beckenschläge in der Küche. Dies dauerte ungefähr zwei Minuten. Er stand auf und sah nach – nichts.

Rindlberg, 5. Oktober

Gestern mittag fand ich unseren Kater Mümmy tot auf der Straße. So viele Autos müssen über ihn gefahren sein. Auf viele Meter verstreut kratzte ich, was einmal sein lieber Leib war, mit dem Spachtel von der Straße. Wir begruben ihn bei Wui Wui und Pelzchen, dort, wo auch ich als Asche landen werde. Von Tränen und Trostlosigkeit abgesehen – ich bin so müde, daß ich auch tagsüber zwischen Schlaf und Halbschlaf lebe. Und erinnere mich, daß es immer so ist, wenn jemand, den ich lieb habe, hinübergeht. Einerlei, ob Mensch oder Tier. Bedeutet es, daß ein Teil von mir ihn begleitet?

Rindlberg, 25. Oktober

Heute mittag, zwischen 12 und 13 Uhr, als ich schlief, erwachte ich von einer Stimme in mir: »Bald, Herz, stürzt dein Zaun ein.«

Rindlberg, 22. November

Heute – oder vielmehr gestern – um Mitternacht fuhr ich wie eine Rakete aus dem Leib. Es ging so plötzlich und so heftig, daß ich erschrak. Ich wurde senkrecht mit aller Gewalt hochgehoben und sauste – wie mir schien, sehr lange und unerwartet schnell – kerzengerade hoch. Es war völlig dunkel. Ich sah überhaupt nichts, war aber fähig, zu denken. Am Ende meiner vertikalen Blitzreise war ein lebendiges Blau, pulsierend, zweifarbig: hellblau, fast weißblau, und ein mittleres Blau. Dieses lebendige, pulsierende oder atmende, bewegte doppelte Blau schien mich zu erleuchten, ob verbal oder anders, vermag ich nicht zu sagen. Die Botschaft oder Lehre oder Initiation erschien mir ungeheuerlich und schöner als alles Vorstellbare zu sein. Ich dachte noch, ich müßte diesen Schatz unbedingt zur Erde zurückbringen. Aber als ich im Körper landete – ein Blick auf die Uhr, es war 10 Minuten nach Mitternacht – war alles aus meinem Bewußtsein gelöscht wie von einer Tafel. Ich berichte so verwirrt, weil das Erlebnis sich offenbar in einer anderen als der verbalen oder bildhaften Dimension ereignete. Nur dieses doppelte Blau sehe ich noch, und den rasenden Aufstieg fühle ich in der Erinnerung. Beim Frühstück erzählte ich Gottfried davon. Er kennt dieses pulsierende Blau, aber bei ihm war es ein mittleres und ein dunkles Blau. Noch etwas: ich wurde nicht von oben gezogen, sondern mit einer Kraft, wie ich sie noch nicht erlebte, von unten her gehoben.

Rindlberg, 24. November

Heute, kurz nach 14 Uhr, trank ich mit Gottfried Tee in der Küche. Auf einmal schaut er zum Apfelkeller hinüber und sagt: »Was ist das für eine schwarz-weiße Katze auf dem Dach? Ist das Mummy?« Ich lief sofort vor die Tür – nichts. Ich ging sogar um den ganzen Apfelkeller herum und schaute auch unterm Dach nach. Ich berichtete Gottfried, daß ich keine Katze gefunden hätte, und er sagte: »Komisch, jetzt fällt mir auch auf, sie verschwand mitten in der Mauer. Lief übers Dach und verschwand einfach in der Mauer, sank hinein.« Also war es doch Mummy!

Wir haben ihn dann lange gerufen, um ihm zu zeigen, daß wir wissen, er ist da. War er wohl schon die ganze Zeit.

Wenn das Jenseits ein anderer Zustand und Orte überhaupt nur Zustände sind, mache auch ich meine Astralreisen wohl, statt im Raum, auf der Skala meines Bewußtseins. Und die rasende Geschwindigkeit, mit der ich mich dann zuweilen bewege, zeigt weiter nichts an als die Geschwindigkeit meiner Verwandlung.

Rindlberg, 26. Dezember

Ich begann die erste Rauhnacht mit einer Anrufung Odins. Zuerst war ich am Katzengrab, in dem auch ich in vier Jahren als Asche sein werde. Als ich das Grab – es soll mir, wie Odin, die Pforte ins Totenreich öffnen – und mit ihm meine kleinen Tiere darin küßte, verletzte ich in der Dunkelheit mein rechtes Auge. (Odin verlor sein linkes.) Dann legte ich meine Totenkette an und machte eine intuitive Zeremonie an dem nachmittags errichteten Altar (Palast des Nordwindgottes, blinder keltischer Spiegel, der ins Totenreich ziehende Schwan, Mummys Knöchelchen, et cetera). Ich möchte in beiden – in allen! – Welten zugleich erwachen und sie in mir zur Einheit verknüpfen. Ich bat Odin, sich im Traum über mich zu neigen.

Mein Traum: Bedrohliche, unheilvolle Stimmung in unserem Haus. (Es war viel größer und ganz anders als unser wirkliches Haus, auch düsterer, älter.) Die Gefahr eines Brandes durch aus dem schwarzen großen Kamin fallende Glut. Ich hatte zu viel Holz oder Kohle hineingelegt. Unbehagen, dumpfe Angst. Ein Rabe kam aus dem Feuerrauch des Kamins und saß oben auf dem schwarzen Eisen. Ich öffnete ein Fenster, damit er hinausfliegen könnte, doch er blieb. Mea Mea, unser Khmerkater, sammelte die Glut vom Boden auf und legte sie, das Haus damit vor einem Brand rettend, zurück in den Kamin. Ich ging ins nächste Zimmer. Ein zweiter Vogel saß auf dem Schrank. Heller als der Rabe. Ich glaube, er war blau. Mit großem Schnabel. Er setzte sich auf meine Schulter. Er schien verletzt, sein Gefieder war blutig. Ich streichelte ihn. Dann lag ich im Bett, und der blaue Vogel (oder beide Vögel? oder waren beide eins?) lagen bei mir. Aber zwei kleine Tiere, die ich für unsere Katzen hielt (doch wir haben drei) und die ich nicht sah, ich fühlte nur ihre Pfoten, wollten dazu kommen. Ich hatte große Angst um den Vogel. Ich rief Gottfried, mir zu helfen. Zuletzt warf ich in Panik die Decke fort, damit der Vogel flüchten könnte – und wachte auf. (Vormittags lese ich von Odins beiden Wölfen, waren es die?)

Vorher träumte ich von Ingrid Wancura, die mit Gottfried und mir die abenteuerlichsten Flüge machte. Ich hatte manchmal Angst, abzustürzen. (Flogen wir in der Wilden Jagd? Im letzten Leben scheinen wir Geschwister gewesen zu sein.)

Rindlberg, 27. Dezember

Odin-Ritual, aber verworrene Träume und, so nicht, keine Erinnerung.

Rindlberg, 28. Dezember

Odin-Ritual. Mir träumte, Gottfried und ich würden nun auch meine zweite Wiener Wohnung (die Traum- und Todwohnung, auch im 1. Bezirk, auch drei Zimmer, aber ganz anders als die reale Nikolaigasse) beziehen. Ich kenne sogar den Preis, den ich seinerzeit im Traum dafür bezahlte, 800000 S. Wir wollen in je einem Zimmer der beiden Wohnungen unsere Bücher aufstellen und in den zwei anderen = insgesamt vier wohnen.

Meine Bitte an Odin war, im Reich des Lebens und im Reich des Todes gleichzeitig zu erwachen und beide Reiche in mir zu verbinden.

Rindlberg, 29. Dezember

Noch vor dem Schlafengehen in der 4. Rauhnacht zog ich eine Tarot-Karte – den König der Stäbe. Der erinnerte Traum dieser Nacht: ich wurde aufgefordert, als Medium zu schreiben – und schrieb zu meiner eigenen Verblüffung in fremder Schrift Botschaften Toter nieder. Große Freude darüber, daß ich nun mit allen geliebten Toten – von Mümmy bis Pythagoras, zum Beispiel – kommunizieren kann. (Noch während des Schreib-Prozesses glaubte ich nicht daran.)

Rindlberg, 30. Dezember

Odin-Ritual. Von den Träumen nur eine Erinnerung an zwei Figuren, deren eine ich golden und die andere silbern craqueliere. (Ich mußte heute erst im Brockhaus nachschlagen, was Craquelieren überhaupt ist.) Während des Mittagschlafs – vielmehr vorher, ehe ich einschlief – rot-blau-goldene Mandalas. Aber nicht eines, sondern unzählige, sehr klein, den ganzen Raum füllend.

Rindlberg, 31. Dezember

Odin-Ritual. Flugzeug-Traum: Durchsage des Kapitäns. Alle sollten von den Sitzen herunter auf den Boden. Erst als ich wieder aufblickte, sah ich einen riesigen Flugkörper rechts von uns aus dem Nebel tauchen, (sah aus wie ein Wal) und so dicht, daß er uns fast streifte, vorüberziehen. Gleich darauf noch einen zweiten, und diesmal streifte er uns, hinten an unserem Flugzeug stieg Feuerrauch auf, wir landeten Not in einem ganz kleinen Dorf. Keine Angst, es war eigentlich sehr hübsch. Wir kehrten alle in einem schmucken, rotsamtigen Kaffeehaus ein. In einem späteren Traum bestellte ich beim Wirt ein Brathuhn für Aleister Crowley, der uns in Rindlberg besuchte.

* * *

Anrufung

Irgend etwas ist merkwürdig mit dem Telefonieren. Vor vielen Jahren saß ich mit Ruth Pauli, der Schwester des Physikers und Nobelpreisträgers, im Café Hawelka. »Der Ödön hat mich schon wieder angerufen«, erzählte sie. »Um drei Uhr früh.« Ich rührte betreten in meiner Kaffeetasse herum: »Du weißt, daß er tot ist?« »No klar«, sagte sie. »Er war ja auf dem Weg zu mir, damals in Paris, als der Baum ihn erschlug. Ein Sturm war das! Sie haben meinen Brief in seiner Brusttasche gefunden. Den Brief mit der Einladung. Er war voll Blut.« Ödön von Horwath, der Dramatiker, und Ruth Pauli waren ein Liebespaar. Später lebte sie in Amerika. »Aber jedes Mal, wenn ich nach Wien komm, ruft er mich im Graben-Hotel an. In der Nacht. Dann reden wir und reden... Und in der Früh geh ich zum Portier und frag, von wo er gekommen ist, mein Anruf letzte Nacht? Und der Portier sagt, nein, gnädige Frau sind letzte Nacht nicht angerufen worden.« Also eine Spinnerin war Ruth Pauli, selbst Schriftstellerin, nicht! Inzwischen ist sie gestorben, und sie brauchen kein Telefon mehr, Ödön und Ruth.

Meine sonderbaren Telefongeschichten begannen in meinem dreißigsten Jahr. Damals starb jemand, den ich sehr lieb hatte. Jahrelang träumte ich fast jede Nacht einen Traum, immer denselben. Ich irrte durch Wien, in der Finsternis oder Dämmerung, und suchte verzweifelt ein Telefon. Fand ich dann endlich eins und wollte die vertraute Nummer wählen, verschwammen die Zahlen vor meinen Augen. Sie waren alle noch da, auf der runden Scheibe. Aber ich konnte sie nicht mehr erkennen.

Erst viel später habe ich begriffen, daß dies keine Anrufe sondern Anrufungen waren. Aber noch war ich blind.

Dämonen

Ich glaube nämlich gar nicht an sie. Früher vielleicht, da glaubte ich sogar an den Teufel. Mit 18 habe ich ihn beschworen. Er kam nicht. Dafür begannen Menschengesichter sich in Teufelsfratzen zu verwandeln, begleitet vom Gelächter der Tiere. Hähne, Böcke, und sie krähten und meckerten nicht, sondern lachten. Das dauerte bis in mein neunzehntes Jahr, in dem ich längst verheiratet war. Armer Hugo! Jede Nacht schrie ich vor

Angst. Jugendliche Schizophrenie? Schon möglich. Da ich eigentlich Psychiater werden wollte, kannte ich mich in dem Metier ganz gut aus. Und lehnte zum Glück alle Behandlungen durch meine wissenschaftlichen Freunde, sowie ihre Einladungen zu Elektroschocks, ab. Und eines Tages löste der Teufel sich in Licht auf, basta. Ich las Origines und küßte den Buchdeckel. Nein, es gab keinen Teufel. Keine ewige Verdammnis.

Und schon gar keine Dämonen! Warum, zum Teufel, begegnen sie mir in diesem Nächtebuch auf Schritt und Tritt? Ich muß gestehen, ich tippe es mit Staunen. Denn bis auf ein paar einzelne Seiten habe ich es seit der Niederschrift nicht gelesen. Und obwohl ich immer die Wahrheit schrieb, kommt sie mir unglaublich vor. Denn mein Gedächtnis hat so gut wie alles gelöscht. Schön, vielleicht ist das die Funktion eines Gedächtnisses, und wir glauben nur, es säße zum Speichern in unserem Kopf. In Wirklicheit ist es ein Schwamm, und die Tafel ist unser Herz. Und so bin ich gar nicht undankbar dafür, daß es nachläßt. Der Schwamm trocknet aus.

Ob Farben auch so etwas sind wie Dämonen? Das Blau, von dem ich immer wieder berichte, habe ich inzwischen auf ein paar Bildern von Nolde gefunden. Und es ist ein Dämon, den wir Engel nennen. Ich erinnere mich auch an ein Gelb, in dem ich vor zwanzig Jahren erwacht bin. Das war ein Traum, tausend Meter unter der Erde. Noch tiefer. Irgendein Geräusch muß mich geweckt haben. Und ich tauchte langsam aus einem fremden, wunderbaren Gelb. Sonst nichts. Kein Bild, keine Gestalt. Nur dieses Gelb, aus dessen Tiefe ich aufstieg. Und auf der Farbskala dieser Welt bin ich ihm niemals begegnet, nicht vorher, und nachher auch nicht. Trotzdem hab ich es, obwohl ganze Kontinente der Wirklichkeit einfach versinken, nicht vergessen. Ebensowenig wie den Geschminkten, ganz in Schwarz und mit lila Haaren, der in einem Wäldchen bei Glyndbourne plötzlich schräg über mir ging, und ebenso plötzlich wieder verschwand. Doch da träumte ich nicht!

Dämonen... »Du hast«, sagte meine alte Keltin einmal zu mir, »einen Quiddon!« Das ist, wie sie mir erklärte, ein dämonischer Kobold. »Paß nur auf!« »Warum?«, fragte ich. »Einen Kobold hab ich mir schon immer zum Freund gewünscht.« Martha Sills-Fuchs, die Uralte, schaute mich merkwürdig an. »Bist du ganz sicher, daß du ihn erträgst? Dämonen schauen nicht so aus, wie du erwartest.« »Wie«, fragte ich, »schaut mein Rindlberger Quiddon denn aus?« »Wie ein Baumstamm«, sagte sie beiläufig und wechselte auffallend rasch das Thema. Also kaum war ich wieder in Rindlberg, hab ich ihn natürlich beschworen! »Du schreckst unsere Katzen«, sagte ich. »Aber mich nicht! Also erscheine...« Dann begann ich zu zittern. Wenn er wirklich erscheint, dachte ich, und ich schreck mich, und es trifft mich womöglich der Schlag... Hastig nahm ich ein Valium. Prophylaktisch. Nein, der Quiddon erschien nicht. An seiner Stelle wäre ich auch nicht erschienen. Und noch heute schäme ich mich unter den Boden. So geht man mit Dämonen nicht um!

Meine alte Keltin, das ist die 90jährige Martha Sills-Fuchs, die ein Leben lang die Kelten erforscht und an einem Buch über sie gearbeitet hat. Als sie achtundachtzig war, schenkte sie mir das Manuskript. Jedes Buch ist eigentlich ein Geschenk, und nur in diesem Sinn nahm ich es an. Denn natürlich suchte und fand ich einen Verleger für sie, und die »Wiederkehr der Kelten« erschien und erscheint in immer neuen Auflagen. Ein Riesenerfolg! »Wie kamst Du auf mich?«, hab ich sie viel später einmal gefragt. »Wir kannten uns nicht. Oder?« »Belenus«, sagte sie, »hat uns bekannt miteinander gemacht. Der Flußgott. Er haust in deiner Quelle. Und, weißt du, er mag dich sehr.« Jö, war ich stolz! Belenus, Wassergott, Lichtgott... »Und praktisch?«, fragte ich. »Also ich hab eine Landkarte genommen und gependelt«, gestand mir die letzte Druidin. »Da fand ich Rindlberg. Und dann hab ich mich erkundigt, wer in Rindlberg lebt? So kam ich, es war ganz einfach, auf dich.«

Einmal hat sie mich besucht. Sie zeigte mir die Elben auf unserer Wiese. »Wirklich«, fragte sie ganz bestürzt, »du kannst sie nicht sehen?« Ich wurde schamrot.

Ich muß doch erklären, warum uns Gättchen verließ. Sie war, wie gesagt, Gottfrieds wirkliche Frau. Ich akzeptierte das, und sie verzieh mir den Trauschein. Und dann kam Mea Mea an, ein Geschenk. Und so süß!

Gättchen fauchte. Zuerst fauchte sie Mea Mea an, dann mich, und dann Gottfried. Zuletzt fauchte sie ihr Futterschüsselchen an und ging. Was haben wir alles versucht, um sie zurückzugewinnen! Lockungen, Leckerbissen, Nachschleichen. Ja, ich demütigte mich so weit, sie um Verzeihung zu bitten. Sie fauchte! Und schnurrte die Nachbarn an.

Natürlich erlagen sie ihr. Eines Tages hörte ich Herrn Kuttner, Deideis Mann, zu unserer Katze sagen: »Gelt, zu die Blöden da unten gehst nicht mehr zurück!«

Sie blieb. Die Blöden waren sehr traurig. Denn wie hatten sie dieses unansehnliche Geschöpf verwöhnt! Ihm sogar, als es Sabinettchen im Leib trug, eine internationale Kapazität als Hebamme engagiert. Nämlich Erich Jantsch, den Astrophysiker, Astronomen und Systemwissenschaftler aus Berkeley. Denn wir flogen nach Berlin, und daß Katzen ihre Jungen ohne Beistand werfen, wußte ich damals noch nicht. Da saß der berühmte Mann, gerade auf einen Sprung in Europa, eine geschlagene Woche allein mit Gättchen in Rindlberg, und es goß alle Tage in Strömen. Gättchen, natürlich, warf nicht! Aber eine ganz zarte und zärtliche Liebesgeschichte entstand zwischen Erich und ihr.

Er ist gestorben, er auch. Es war gerade Weihnachten, als die Traueranzeige aus Amerika kam. Der Text war sehr ungewöhnlich, ein gelassenes, heiteres Einverständnis mit dem Tod. Als ich später Fritjof Capra, der ein Jantsch-Schüler war, in Wien traf, fragte ich, wer diesen Text aufgesetzt hat? »Erich selbst«, sagte er. »Dann beauftragte er eine Druckerei und gab als Liefertermin seinen Todestag an.« »Er hat gewußt, wann er stirbt?« Capra nickte. »Exakt. Ein bißchen krank war er schon, aber nicht sehr. Ich hab ihm noch seine letzte Mahlzeit gekocht. Dann machte er eine Liste aller Personen, die man von seinem Tod verständigen soll. Sie waren auch auf der Liste.«

Das ist, finde ich, eine sehr schöne Geschichte.

Der blinde Bräutigam

1984

Rindlberg, 1. Jänner

Odin Ritual. Tarot. Ich zog das Schwert-Aß. Wirre Träume oder keine Erinnerung.

Rindlberg, 2. Jänner

Odin Ritual. Ich träumte von einem wunderbaren Turm aus rotem Backstein, den ich vollenden (?) sollte.

Rindlberg, 3. Jänner

Odin Ritual. Ich träume nur mehr von Toten.Erbe Damians Bilder. (Damian = der Maler Hugo Schönborn), gehe mit Herbert (Herbert Zand) zur Universität, Manfred (Mautner Markhof) lädt mich ein, Pussy ist tot. (In Wirklichkeit lebt sie, und Manfred ist gestorben.) Er zeigt mir seine Schätze. Als wir bei Tisch sitzen, gesteht er mir, er wäre früher Schaffner gewesen. Ich sage, ich kenne ihn, erinnere mich an ihn. (Im Traum schaut er ganz anders aus.) Ich frage, welche Linie er gefahren ist, ich fuhr wohl mit ihm. Er sagte, E 2. (Energie zum Quadrat?) Ich bin wieder in der Stadt, die ich so gut kenne, dem anderen Wien.

Rindlberg, 4. Jänner

Odin Ritual. Ich träumte von einem Turmhaus am Teich, das ich schon kenne. Es steht in meiner Traumwelt, und ich gehe immer wieder dahin. Auch die Häuser und Gehöfte ringsum kenne ich von innen und außen. Dort war ich also, und ich fand eine Bahn, die mich ganz schnell hinbringt, und die ich künftig benutzen werde. Allerdings verschwand mein Gepäck auf dem Bahnhof des Zauberortes. Zwei Koffer mit – Geld. (Muß eine Übersetzung für andere Werte sein!) Ich bekam alles wieder, mußte dafür aber einen späteren Zug für die Heimreise nehmen. War sehr glücklich dort. Das reinste und klarste Wasser der Welt floß, und ich trank davon. Auch von der sahnigsten Milch, dazu aß ich Brot. Ich erwachte sehr fröhlich.

Rindlberg, 5. Jänner

Odin Ritual. Im Traum dann: Wie in einem Zug fuhr ich an einer plötzlich aufleuchtenden, phosphoreszierenden Gestalt vorüber: Waldbrunn. (Der tote Schauspieler spielte die Hauptrolle in einem Friedhofs-Einakter von mir.) Waldbrunn? Brunnen des Waldes?

Rindlberg, 6. Jänner

Gestern, noch vor dem Einschlafen, zog ich aus den Tarot-Karten die Acht-Münzen. Ich träumte: links von mir war eine Gruft, der jemand Tote entnahm. Er stellte sie auf das Bett, in dem ich lag. Die Toten schwankten. Ich überwand meinen Widerstand und reichte ihnen die Hand. Allmählich belebten sie sich. Eine von ihnen, ein blondes, schönes, etwa 27jähriges Mädchen, nannte sich Romans Schwester. Die anderen waren Männer. Ich hatte den Wunsch, ihnen zu dienen, ich half ihnen beim Verlassen der Gruft und sagte ihnen, hinter Leben und Tod, die wir beide transzendieren müßten, wäre die Seligkeit. Ich betreute auch kleine tote Tiere – ich glaube, es waren zwei Kröten – die ich streichelte und erwärmte. Ich sah sie zuletzt auf den Steinen einer eisernen Parkmauer.

Rindlberg, 28. Jänner

Letzte Nacht wurde mir klar, daß alle Wesen *eins* sind, daß ich alle Wesen sein kann, indem ich mich selbst ausdehne oder zusammenziehe. Die Unwirklichkeit der Vielfalt ist ebenso bestürzend wie diese einsame Einheit.

Es scheint, ich kann pendeln. (Wasseradern et cetera). Wünschelrute kann ich nämlich nicht.

Rindlberg, 21. Februar

Heute vormittag sah Gottfried einen Mann auf unser Haus zukommen, und plötzlich war er verschwunden. Dann gestanden wir einander gegenseitig, häufig Gestalten, auch solche von Tieren, wahrzunehmen – Gestalten in Bewegung, die sich plötzlich auflösen.

Rindlberg, 22. Februar

Heute sah ich im Fernsehen zum ersten Mal einen Laserstrahl. (Schneider-Siemssen, Bühne der Zukunft). Das – genau das – war mein weißes Gitterwesen vor vielen Jahren. Also Licht.

Übrigens erwachte ich unlängst mit einem Satz: »Wie Bäume aus der Erde wachsen die Götter aus der Menschen Gehirn.« Dabei glaub ich das gar nicht! Ich erwache oft am frühen Morgen mit solchen Sätzen, von denen ich nicht sicher bin, daß sie meinem eigenen Bewußtsein entstammen.

Wien, 24. Februar

Ich erwache nachts und sehe zwei blaugrüne Ranzen hoch an der Wand über mir hängen. Ich schaue zur Decke hinauf, und sie ist höher, gelb und wie ein Relief. Ich denke, wo bin ich? Es dauert lang, ehe die Ranzen über mir verblassen, ich kann es genau beobachten, und die Decke wieder zum Plafond unserer Wiener Wohnung wird. Danach schlafe ich lange nicht ein.

Rindlberg, 26. Februar

Heute am frühen Nachmittag, als wir in der Küche Tee tranken, sah Gottfried wieder eine Katze unterm Tisch vorbeistreichen. Grau, mit ein bißchen Weiß. Es war, sagt er, keine unserer toten Katzen.

Rindlberg, 27. Februar

Heute mittag sah Gottfried wieder Katzen in der Speis. Sie waren wie Rauch, sagt er, wie Zigarrenrauch. Sie kamen aus dem (realen!) Papierhaufen auf dem Boden hervor und bewegten sich auf das Fenster zu.

Wien, 7. März

Ich gehe am Morgen durch die Singerstraße Richtung Stephansplatz. Ein Mann in mittleren Jahren kommt mir entgegen. Er sieht ganz gut und individuell aus, aber nicht auffällig. Er scheint etwas zu murmeln. Als er auf gleicher Höhe mit mir ist, sagt er, ohne mich anzuschauen: »*Du* (betont) stirbst 1987.« Er hat seinen Schritt nicht unterbrochen, geht weiter. Ich drehe mich halb belustigt und halb verärgert um und rufe ihm nach: »Achtundachtzig!« Er beachtet mich nicht. Erst allmählich dämmert mir, daß dies kein Spaß war, sondern wahrscheinlich eine Information. Damals übersetzte ich »Wenn ich 57 bin, sterbe ich« mit 1988. Aber dann bin ich ja schon bald 58, es ist also sehr möglich, daß ich schon im März 87 sterbe, im 57. Jahr, vier Monate vor dem Geburtstag. Zuerst bin ich leicht geschockt, schließlich verliert man nicht alle Tage auf dem Weg zum Kaffeetrinken (Aida am Stephansplatz) ein Jahr, noch dazu, wenn man ohnedies nur mehr ganz wenige hat. Aber dann stellt sich Dankbarkeit ein und sogar Freude.

Rindlberg, 12. März

Heute nacht träumte ich von meinem toten Freund Lambert Binder. Ich sagte ihm, ich käme nun doch ein Jahr früher hinüber und erzählte meine Begegnung in der Singerstraße. Er sagte: »Der Mann war eine Maske. Hinter dem Fremden steckt jemand, den du kennst.« Nach dem Aufwachen dachte ich darüber nach. Stecke ich selbst hinter der Maske?

Übrigens sah Gottfried heute wieder die – für mich eintönig graue – Dämmerung in den seltsamsten und aufregendsten Farben. Viel Gelb, auch Blau.

Rindlberg, 19. März

Vor ein paar Nächten, ich weiß nur mehr, daß Vollmond war, träumte ich, ich stünde mit Bart (Dir. Schlee, 83) an einem Fenster. Wir schauten beide hinaus. Ich sah ein wunderbares Haus (Assoziation Haus des Todes) ohne Möbel. Nur viele kleine Teppiche lagen herum, die waren bunt und von großem Zauber. Das Haus war durchsichtig, und ich konnte eine überirdisch schöne Landschaft sehen. Wiesen, Bäume, hohe, hohe Berge. Es war aber keine Landschaft, wie sie auf der Erde sind. Sondern viel wunderbarer.

Werde ich etwa zugleich mit Schlee drüben ankommen? Oder sind wir gemeinsam gereist?

Ich träume oft von Häusern mit wunderbaren Ausblicken, Wasser und Mond und weiße kleine runde Steine, Flüsse, Ströme, Höfe, Türme, Zimmer, Möbel, die ich noch nicht kenne. Einmal saß ich in einem besonders schönen Zimmer an einem Schreibtisch vor einer gläsernen Wand, und direkt hinter der gläsernen Wand war das Meer. Oder ein See? Lebendiges Wasser umschloß mein Zimmer.

Noch ein Traum kehrt immer wieder. Durch das jenseitige Wien fahre ich bis zum Eisernen Vorhang im Osten. Soldaten bewachen die Grenze. Manchmal lassen sie mich hinüber, und es ist das Paradies. Nichts ist anders. Und alles! Jenseits der Grenze leuchtet das Gras, strahlt jeder Baum im klaren Glanz einer neuen Bedeutung, die mich mit tiefer Freude erfüllt.

Rindlberg, 2. April

Heute nacht war ich im Traum ein sehr junges Mädchen, und mein Liebster war blind. Wir liebten einander und waren glücklich, doch stets allein in der gleichen Wohnung, in der er sich vollkommen sicher bewegte. Unter Familienbeteiligung verlobten wir uns. Dabei erfuhr ich seinen schon lang gehegten Wunsch, mit mir im Freien spazieren zu gehen. Würde es mich stören, wenn die Leute sehen, daß mein Bräutigam blind ist? Natürlich war ich einverstanden, seinen Wunsch zu erfüllen.

Später begegnete mir im Traum eine Frau (die Hausmeisterin?) des Hauses im 1. Bezirk, in dem ich die jenseitige Eigentumswohnung habe. Sie erzählte mir, der Hausherr wäre ein großer Eingeweihter und hätte nun selbst das oberste Stockwerk seines (unseres) Hauses bezogen. Dies freute mich sehr, und ich begann, in allen Schränken nach den Schlüsseln zu meiner noch nicht bewohnten Wohnung zu suchen.

Deutung: Ist der Blinde mein Animus? Ist er auch der Herr meines Hauses im zweiten Traum, der Eingeweihte, der Seher?

Rindlberg, 8. April

Heute gegen 9 Uhr früh sah Gottfried – wir saßen gerade beim Frühstück in der Küche – wieder eine Katze durch die Luft schleichen. Hell und wie Rauch, etwa 1,20 m über dem Boden. Sie materialisierte sich in der Gegend des grünen Kachelherdes und verschwand dann durch die Tür.

Rindlberg, 31. Mai

In Flensburg sah Gottfried bei der Generalprobe zu »Kabale und Liebe« eine Gestalt durchs Theater gehen, aber in der Luft. Wie graue Wolken, und eine Freundin in Hamburg, Christine Soetbeer, sieht die auch immer, und nachts sitzen sie auf ihr herum, was sie sehr irritiert. Ich lernte einen elbensichtigen Regisseur und einen trollsichtigen Sänger kennen. Heute abend sahen Gottfried *und* ich eine Gestalt aus der Ecke kommen, in meinem Zimmer, und gleich darauf war sie verschwunden. Eine weibliche Gestalt, den Kopf bemerkten wir nicht, in etwas Rotbraunes mit kupfernen Punkten gehüllt. Gottfried sieht immer wieder die tollsten Abendhimmel mit Lichtfarben, und ich sehe nur bleigrau.

Rindlberg, Juni

Eines Nachts – es ist schon Wochen her – erwachte ich in der Starre und wollte aufsteigen. Stattdessen versank ich immer wieder. Blitzschnell in die Erde, einmal aber auch – und das war sehr schön – in kristallklarem Wasser.

Gottfried sah am 24. Juni bei Elisabeth Furtwängler in Clarens, in Wilhelms Zimmer, das Gespenst einer Katze mit ganz spitzen Ohren. (Keine Furtwängler-Katze). Ansonsten spukt in diesem Zimmer eine Frau, und Schritte gehen dort um. Wir selbst hörten nichts. Die Katze erschien am Morgen.

Aber: am 29. Juni um 22.30 Uhr, nämlich gestern, und wir waren abends aus Wien gekommen, erstarrt Gottfried plötzlich im Vorhaus, schaut auf die geschlossene Tür und sagt: »Da ist jemand!« Da wir verreist waren, dachte ich an Einbrecher. Gottfried: »Nein, es ist ein Geist.« Und, nach noch intensiverem Starren, plötzlich: »Es ist Blacher!« Und zwar sah er ihn durch die reale, geschlossene Tür hindurch. Nicht farbig, sondern weiß (sehr hell!) und grau, wie eine Strichzeichnung, da war auch etwas von Schraffierung. Sehr existent, sehr lebendig, nicht jünger geworden. (Ich fragte danach.) Zeitlos, sagt Gottfried. Blacher entfernte sich dann hügelaufwärts von unserem Haus. Natürlich machte ich die Tür auf und lud ihn ein, bei uns zu bleiben. Ich selbst sah nichts, wußte aber irgendwie alles, ehe es Gottfried beschrieb. Eine Sekunde, bevor die Erscheinung begann, reichte Gottfried mir das Buch »Diktate über Sterben und Tod«.

Rindlberg, 2. Juli

Heute nachmittag sah Gottfried: ein Erdbeben mit Staubwolken und allen Schrecklichkeiten, Dröhnen, das Haus stürzt zusammen, ich werde erschlagen, Gottfried springt in die Fensterhöhlung, das Fenster ist aber geschlossen. Gedanken: wie komme ich raus, wird mich jemand befreien? Dies alles hellwach, ohne Schlaf, ohne Alkohol.

Ich glaube: 7. März 1987.

Rindlberg, 21. Juli

Heute beim Mittagessen – 12.09 Uhr – sagte Gottfried plötzlich in der Küche: »Da kommt jemand!« (Jeder muß am seitlichen Küchenfenster zur Haustür vorbei) Aber ich sah niemanden, und niemand kam ins Haus. Und doch hat Gottfried ihn deutlich gesehen: »männlich, ziemlich groß, helles Hemd, dunkle Jacke.« »Und das Gesicht?«, fragte ich. Gottfried: »Die haben keine Gesichter.«

Rindlberg, 31. Juli

Gottfried sieht weiter Gespenster. Menschen, Tiere. Neulich miaute nachts eine fremde Katze in seinem Schlafzimmer. Am Morgen fand ich sie tot am Rand unserer Straße. Gestern hat er eine Gestalt am Fenster gesehen, nur halb so groß wie ein Mensch. Sie kommen immer vom Süden (oder Südosten?) und gehen am Fenster und der Haustür vorbei nach Norden (Nordwesten?), nie umgekehrt.

Ich aber scheine heute nacht in der Unterwelt gewesen zu sein. Ein einziger Traum, nur von den Phasen des Tiefschlafs unterbrochen: ich rutsche auf einer Art Bahn in eine fast keine Ende nehmende Tiefe hinab. Vor mir – als mein Führer – mein verstorbener Freund Damian. (Hugo Graf Schönborn). Hinter mir die Leiche einer alten Frau.

Der Herr der Unterwelt, die keineswegs trüb ist, war ein Mann, dem mein Herz zuflog. Nicht alt, nicht jung, und er schien allwissend zu sein. Ein richtig hoher Herr mit einer kleinen, sehr schönen Tochter. Viele Menschen (Tote?) waren da, es gab prächtige Gastmähler, Städte, und Damian schien so etwas wie ein Mittler zwischen mir und der Unterwelt, mir und dem Totenherrn, zu sein. Ich erlebte dort viel, erinnere mich aber an keine Details, nur an die Stimmung, den Zauber. Zuletzt stieg ich zum Herrn der Unterwelt und seiner Tochter ins Bad. Die Stimmung war nicht sexuell, doch sehr erotisch. Da kam meine (gleichfalls verstorbene) Mutter und trieb uns auseinander, exakt: sie zerstörte den Zauber durch einen Schrei.

Rindlberg, 4. August

Heute nacht war ich in meiner anderen Wohnung. Aber alles ist viel schöner geworden! Ich suche und suche den Schlüssel.

(Auch im Wachzustand, denn bei diesem Traum hab ich immer das beängstigende oder aufregende Gefühl von Wirklichkeit). Frau Müller, die Hausmeisterin der Nikolaigasse (Synonym für St. Petrus?) hatte ihn und ging mit mir hin. Schon allein der Eingang! Alte Bäume, dann eine Pforte, das Stiegenhaus hellgrün und gold und eine solche Pracht, wie ich sie noch nie sah. Dabei nicht groß, sondern bezaubernd. Drei oder vier Stockwerke. Und die Räume! So etwas Schönes. Klein, mit leicht schrägen Plafonds (aber nicht Dach, glaube ich). Ein Raum rosenholzfarben, der andere grün. Hinreißend eingerichtet, und ich erkannte, daß die Einrichtung von mir selbst stammt. Eine Eßzimmer-Küche, aber auf dem Herd in der Mitte goldene Schüsseln, und ich wußte, sie wurden, wann immer ich Hunger hätte, von einer im Erdgeschoß werkenden Küche gefüllt und schwebten herauf. Die Wände mit Rosentapeten und Holz wie ein Baum, ein Spalt ins Freie, der Ausblick alte Bäume, Natur und Stadt zugleich. Mein Gott, war ich glücklich. Dabei gelangte ich nicht sofort hin, erwachte immer wieder unterwegs, und wenn ich nicht erwachte, befand ich mich auf einem Schiff im Meer oder auf einem Strom; Gottfried ging nur bis zur Pforte mit, sagte, er wolle dort nicht einziehen. Ich wollte, und wie! (Ohne deshalb die Nikolaigasse ganz zu verlassen.) Als ich aus meiner Zauberwohnung kam, merkte ich, daß ihr Eingang und der Eingang in die Nikolaigasse-Wohnung direkt nebeneinander (im rechten Winkel?) liegen.

Ich glaube, diese sonderbare Wohnung ist der Tod.

Rindlberg, 13. August

Immer wieder diese Träume von einem anderen Zwettl. Ich war zwischen meinem 13. und 15. Jahr dort, in einem kleinen Nachbardorf und in Zwettl selbst, es war eine wichtige Zeit. Aber das Traum-Zwettl ist ganz anders! Dabei kenne ich es so genau, jeden Weg, jede Straße, fast jedes Haus. Und so oft ich mich im Traum darin bewege, erfüllt mich ein Gefühl von Glück. Besonders auf einem Weg vom Dorf in die kleine Stadt, durch Wiesen, Wald, Moor. Aber es ist ein Weg, den es in Wirklichkeit gar nicht gibt! Und auch diese immer wiederkehrende Landschaft existiert nur in meinem Traum. Wirklich nur in meinem Traum?

Rindlberg, 14. August

Mittag zwischen 12 und 13 Uhr. Ich liege, wie immer, in der zur Nordwiese offenen Tür meines Zimmers. Ich schlafe. Ein Vogel trillert direkt in mein Ohr. Ich erwache. Eine Lerche? Sie trillert, als säße sie auf meiner Schulter. Will eben einschlafen, da sehe ich – zwischen Wachen und Traum – einen Mann in unserem Garten (den ich, da auf der Südseite des Hauses, gar nicht sehen kann). Er sitzt, mit dem Rücken zum Haus, auf der Erde. Er sieht ganz normal aus, nicht prägnant, in mittleren Jahren, hellbrauner Anzug. Ich schaue an seinen Füßen hinunter. Sie sind nackt, und der linke (?) Fuß ist, obgleich die Haut rosig und menschlich wirkt, tierisch. Drei Hufe. Ein Bockfuß. Pan? denke ich und bin völlig wach. Ich stehe auf, und während ich Tee auf der Wiese zwischen Garten und Zimmer trinke, setzt sich ein kleiner brauner, ein hellbrauner Schmetterling (auch der Anzug Pans war hellbraun) auf meinen Fuß und will nicht mehr fort. Ich sitze sehr lange da, seinetwegen, obwohl ich zu arbeiten hätte. Endlich nehme ich ihn auf meine Hand und trage ihn zu den letzten Blüten des Holunders. Er saugt daran, will aber nicht von meinem Finger, obwohl ich ihn immer wieder sanft absetze. Endlich gelingt es. Dreimal braun (Lerche, Pans Kleid, Schmetterling), zweimal geflügelt (Lerche, Schmetterling), einmal Ziegenfuß. Bedeutet es was?

Rindlberg, 29. August

Heute morgen, ca. 5–6 Uhr: ich wachte auf, wenigstens erschien es mir so. In Schwarz-Weiß materialisierte sich der Kopf meiner längst verstorbenen Großmutter neben meinem Bett, aber als Prozeß, denn er verwandelte sich unablässig, bis er der Kopf eines jungen Mädchens wurde – und dann, mit einem Sprung – der Kopf einer ganz anderen, fremden Frau. Dann kamen blaue Lichter, blaue hohe Flammen an mein Bett. Halb erkannte ich schemenhafte Gestalten. Vergeblich versuchte ich, Starre und

Betäubung abzuschütteln. Dachte, wenn es mir gelänge, ins Freie zu kommen... (mein Zimmer hat eine Tür auf die Wiese). Irgendwie gelang es, ich taumelte hinaus. (Ohne Körper, nehme ich an.) Und dann, als ich auf der Wiese stand, hob mich etwas wie ein Wind hoch und trug mich, ganz langsam diesmal und in Rhythmen, durch die Luft. Durchs Gezweig der Kirschbäume (es stehen wirkliche Kirschbäume auf unserer Wiese), und im Flug pflückte ich die Kirschen mit meinen Lippen und aß sie, sie schmeckten köstlich. Aber die Bäume blühten noch! Eine Stimme (in mir?) mahnte mich, dies nicht zu vergessen, es mir einzuprägen: die Gleichzeitigkeit von Blüte und Frucht! Dann geriet ich in ein Mosaik aus Räumen und Menschen. Ich wußte, dies alles waren Schauplätze und Gestalten meiner vergangenen Leben. Eine Überfülle von Gesichtern, genauer: ich sah, aber gleichzeitig bewegte ich mich hindurch. Und hatte große Angst, steckenzubleiben in den Vergangenheiten, nicht mehr in mein jetziges Leben zurückzufinden. Da war (immer wieder? jedenfalls erlebte ich es sehr intensiv) eine Treppe, die ich hinaufstieg. Die letzte Szene: ich lief in eine Küche und umarmte eine Frau. Ich umarmte sie um die Hüften, denn ich war noch klein, ein Kind. Ich sagte, »Guten Morgen, Mama!« Mama war eine mir ältlich erscheinende große Frau, braunes Haar, Mittelscheitel, gepuderte Haut, schon welkend, eher streng. Ich liebte sie nicht wirklich. Wirklich liebte ich die kleine verwachsene alte Mamsell in der Stube daneben, die den Frühstückstisch deckte. Ihr Haar war schwarz, mit vielen weißen Fäden darin. Vergnügt fragte ich: »Was gibt es zum Frühstück?« Gleichzeitig sah ich die vielen Puppen, fertige und halb fertige, und wußte, daß Mama eine Puppenwerkstatt betrieb. Dann war ich plötzlich wieder in meinem Bett, Midu und Mea, die Katzen, bei mir, und sah auf die Uhr: 6.15 Uhr.

Rindlberg, 4. September

Heute nacht wieder eine Ausfahrt südwärts. Mein Bett steht gerade nordwärts. Ich fahre jetzt aber immer öfter so, als würde ich rücklings aus meinem Leib gezogen, aus. Rücklings und schräg aufwärts. Auch diesmal flog ich durch die Bäume. Die Äste streiften und kratzten mein Gesicht: sie waren kahl und dürr.

Also: Blüten, Früchte und Winterzweige. Übersetze ich in drei Jahreszeiten zugleich? Denn diese Ausfahrten sind kein Traum, das weiß ich gewiß.

Wien, Montag 9. Oktober

Heute besuchte ich Hertha Troger in Innsbruck, die mir das Bild Michael (Max Prantl) schenkte. Nachts träume ich: ich habe den Aufstieg begonnen. Auf einem Plateau am Fuße – oder schon in der Mitte? – des Berges rüste ich mich aus. Eine Lampe und eine Decke, mehr brauche ich nicht. Der Mann, bei dem ich mich mit den Dingen für den Aufstieg versorge, will mir auch einen großen tönernen Becher geben. Ich kenne den Becher, unten im Tal habe ich einen ähnlichen. Beide Becher haben ein Gesicht. Beinahe dasselbe. Ich sage, ich brauche keinen Becher. Ich werde das Wasser mit meinen Händen schöpfen und daraus trinken. Der Mann – sein Kleid ist, glaube ich, braun, und er betreibt ganz allein dieses sonderbare einsame Lager am Berg – entläßt mich. Ich steige auf den Berg, die Decke um meine Schultern. Auch ich bin ganz allein. Bald schon gerate ich in völlige Dunkelheit. Manchmal – nur selten – leuchte ich mit meiner Lampe. Ich steige durch einen schwarzen Tunnel auf. Die Lampe gibt keinen Schein, sondern vier (?) kleine Lichter, wie Punkte. Ich verlasse den Tunnel, es wird Licht. Ich stehe auf einem Plateau. (Ist es schon der Gipfel des Berges? Im Traum ist er einer, doch nicht der letzte). Meine ganze Familie erwartet mich. Ich erkenne nicht einmal alle. Und sie sind so schön, so kräftig gefärbt. Ich schaue auf ihre roten Lippen und denke betroffen, sie sind geschminkt. Auch mein Vater, den ich als ersten küsse. Dann meine Mutter. Und ich schwanke, wen ich zuerst küssen soll. Ich erwache mit dem glücklichen Gefühl: ich habe den Aufstieg begonnen. Aber es ist ein Aufstieg durch die Dunkelheit. (Irgendwie habe ich, hätte ich meine Familie nicht erwartet. Eher Liebhaber, auch Tiere. Katzen.)

Wien, 12. Oktober

Ich träume, ich bin allein zu Hause. Da kommt mein toter Vater aus dem Keller heraufgestiegen. Er sieht jünger und gesünder aus. Ich umarme und küsse ihn. Ich bin sehr glücklich. Meine tote Mutter – auch dies weiß ich nun – schläft nebenan im Zimmer. Sie ist noch nicht aufgewacht. Ich gehe auf ein großes Fest. Mein Vater kommt mit mir. Aber ich verliere ihn aus den Augen, und gegen Ende des Festes mache ich mir Vorwürfe deshalb. Ich denke, er kennt doch niemanden dort. Aber das stimmt nicht, jemand erzählt mir von einem Gespräch mit ihm. Auch mein Bruder ist auf dem Fest, verläßt es aber früh und sehr verwirrt, wie trunken.

Wien, 15. Oktober

Heute abend steht ein fremder älterer Mann, klein, mit Burnus, vor unserer Haustür. Er sucht St. Michael und zeigt mir eine geschriebene Adresse: St. Michael, Nikolaigasse 1, 2. Stiege. Ich sagte, ich kenne nur den Erzengel.

Rindlberg, 8. November

Heute nacht träumte mir, ich wäre bei einem großmächtigen (auch physisch wirkte er so) grauhaarigen Arzt. Ich saß mit anderen Patienten im Wartezimmer. Doch ehe ich an die Reihe kam, erschien meine tote Mutter und holte mich ab. Sie wirkte viel jünger und energischer als zu Lebzeiten. Ich war enttäuscht, ging ungern mit ihr. Ich hatte gehofft, nach der Untersuchung mit den anderen Patienten zusammenzubleiben, wenigstens für eine Weile. Bizarr wie in einem Fellini-Film saßen sie auf den Stufen einer steinernen Treppe und schauten mir nach, als ich mit meiner Mutter durch einen grünen Park auf den Ausgang zuging.

Noch ein immer wiederkehrender Traum: meine Wohnung im anderen, jenseitigen Wien. Wieder packte ich meine Koffer, um dort einzuziehen, allein.

Rindlberg, 10. November

Traum heute nacht: Ich mache eine Reise. Ich bin an einem fremden Ort. Ich schreibe eine Karte mit dem Bild dieses fremden Ortes an mich selbst, Nikolaigasse. Aber meine Schrift verschwindet im Blau der Karte, und ich weiß, daß die eigene Botschaft mich nicht erreichen wird. Ich treffe meinen toten Vater. Er steht mit mehreren Leuten an einer Haltestelle, reist wieder ab, in eine andere Richtung als ich. Er schenkt mir ein Buch. Ich gehe mit meinem lebendigen Bruder über eine Brücke aus gefallenen Herbstblättern. Wir reisen heim.

Rindlberg, 22. November

Heute nacht führte ich im Traum einen alten Mann und eine alte Frau zusammen. Ihre Freude war groß. Sie umarmten einander, und dabei fielen sie – denn sie waren wirklich schon sehr alt – zu Boden. Aber sie lachten und waren glücklich.

Dann geriet ich wieder in die Starre. Mummam, die tote Mutter von Gottfrieds toter erster Frau, kam in ihrem langen schwarzen Kleid vorbei. Ich zupfte sie mit der Astralhand – die leibliche konnte ich ja nicht rühren –, erklärte ihr meinen Zustand und bat sie, mich aufzuwecken, wie sie auch ihre Tochter aufgeweckt hat. Sie tat es, und dann tanzten wir miteinander. (Totentanz?)

Das Haus oder die Wohnung, wo ich mit Gottfried lebte – drei Zimmer und alle leer – wurde eben neu tapeziert. Ein Raum hellblau und blau, und der meine grün. Ich hatte einen großen schwarzen Hund, nach dem ich immer wieder rief.

Rindlberg, 29. November

Traum heute nacht: ich wollte Gottfried meine andere, wohl jenseitige Wohnung im jenseitigen Wien zeigen. Ich fragte ihn, ob ich sie nur immer träumte, oder ob sie wirklich mir gehörte? Er sagte, sie wäre wirklich meine. Aber ich fand die Schlüssel dazu nicht. Ich ging, allein und mit Gottfried, durch das Zentrum dieses anderen wunderbaren Wien. Meine Wohnung liegt in einer ganz schmalen Gasse, der ältesten, ganz im Herzen der Stadt. *Das* Zentrum! Nicht ebenerdig, sondern drei oder vier Stockwerke hoch. Und wenn man nur ein Stückchen weitergeht, große herrliche Plätze, auch eine Burg auf einem Hügel, und eine schöne Landschaft, einsam, mit Bäumen. Es gibt dort einen finsteren Weg, ohne Laternen, den ich manchmal gehe. Mit großer Angst.

Rindlberg, 14. Dezember

Gestern gegen 14 Uhr sah Gottfried wieder eine hellbraune Geisterkatze die Treppe hinaufrennen. Ich war dabei, sah sie aber nicht. Fremde, die uns besuchen, sehen auch manchmal diese Geisterkatzen. (Mirjam Gerzon aus Amsterdam, noch ein paar – sehr wenige – andere auch; zum Beispiel unsere Nachbarin, Frau Marianne Kuttner.)

Heute nacht träumte ich, ich wäre mit Gottfried tief in den Süden gereist, sehr exotisch, wie auf den Bildern des Zöllners Rousseau, aber doch wieder ganz anders. Eine traumhaft erhellte nächtliche Landschaft in wunderbaren Farben. Ein winziger Zwerg heilte erst Gottfried und dann mich. Er sprang auf ihn und tat irgendetwas mit seinen Gelenken (?). Es knackte, wie wenn man Druckknöpfe zu- oder aufspringen läßt. Dann kam ich dran, er steckte mir runde Pillen in den Mund. Das heißt, er hielt sie in der Hand, ich sollte nur eine nehmen. Nahm aber fünf, eine davon spuckte ich aus. Heute früh sagte Gottfried: »Merkwürdig, heute nacht und auch jetzt – überhaupt keine Schmerzen!« (Hüften, Schultern und wer weiß was noch tun ihm, besonders nachts, entsetzlich weh.) Natürlich erzählte ich den Traum vom Heil-Zwerg.

* * *

Der Engel des Aquarius

So nannte ich ihn. Ich kannte ihn nicht, und ich kannte auch nicht seine Schwester Elisabeth, die mir die Schriften des Toten schickte. Er hieß Max Prantl und glaubte, Michael, der blaue Engel des Lichts und des Todes, zu sein. Glaubte? Personen, Namen sind Zustände. Und so war er der Engel Michael, Hüter der Schwelle. Ein Erleuchteter, ein Erleuchtender. »Mir scheint«, schrieb ich unserem nun gemeinsamen Verlag, »ich hab einen Mystiker entdeckt?« Sein Buch »Licht aus der Herzmitte« erschien. Frau Hertha Troger aus Innsbruck, eine winzige alte Zauberdame, schenkte mir sein Bild. Denn vor langer Zeit war der Mystiker und Maler ihr Freund.

Wer bekommt schon das Selbstporträt eines Erzengels geschenkt? Es ist völlig amenschlich. Aber das sind Engel wohl. Androgyn, und auch sonst alle Gegensätze in sich selbst auflösend. Die chymische Hochzeit in Person. Nur, daß Michael keine Person ist, und das verwirrt mich an dem Bild. Ein Grauen geht von ihm aus, und eine Faszination, der ich mit Schrecken erliege.

Personen

Lauter Masken natürlich, alle. Trotzdem stelle ich sie vor. (Wovor? Vielleicht brauchen wir gar keinen anderen Lehrer als unsere Sprache.)

Bart, das ist der seinerzeitige Direktor der Universaledition, ein bedeutender Musikverleger. Irgendwann muß er wohl einen Bart gehabt haben, da kannte ich ihn aber noch nicht. Er heißt Alfred Schlee, und bevor Gottfried mich heiratete, führte er mich ihm vor. Das Mittagessen in einem italienischen Restaurant nahm kein Ende. »Nun?«, fragte Gottfried hinterher erwartungsvoll seinen Bart. Der Verleger zuckte die Achseln. »Also sprüh'n«, seufzte er, »tut sie nicht!«

Christine Soetbeer ist eine Elbin oder ein Hexenkind, genau weiß ich es nicht. Sie macht phantastische Filme, sie ist noch jung, und irgendein Dämon hat ihr einmal die Hand auf den blonden Scheitel gelegt. Denn da ist eine breite, schneeweiße Strähne.

Elisabeth Furtwängler ist die Witwe des großen Dirigenten Wilhelm, eine von den Frauen, die – ohne ihr Alter zu verleugnen – jung bleiben. Sollte sie noch einmal auf die Welt kommen, möchte sie, wie sie mir gestand, am liebsten ein Bischof sein.

Frau Müller, Elisabeth, ist unsere Hausmeisterin. Eine blitzgescheite und sehr tapfere Frau, die ein schweres Schicksal mit großer Selbstverständlichkeit trägt. In der verborgenen Hierarchie, deren Entdeckung ein Abenteuer der zweiten Lebenshälfte ist, steht sie an ganz hoher Stelle.

Die verwandelte Großmama war nicht die böhmische Analphabetin, sondern die Pianistin, die Klavierlehrerin mit dem Zwicker. Ohne das heute übliche Geschrei hat sie sich schon im vorigen Jahrhundert emanzipiert, was mehr mit Pflichten als mit Rechten zu tun hat, und was ohne Bescheidenheit nicht gelingt.

Mummam war Frau Gertrud von Bismarck. Graue Augen, weiße Gretchenfrisur, und die schwarzen Kleider knöchellang. Sehr fromm, und sie hat mich aus ganzem Herzen gehaßt. Jetzt vielleicht nicht mehr. Hätte sie sonst mit mir getanzt?

Mirjam Gerzon ist eine Holländerin, neben der ich eines Abends bei Arnold Keyserling saß. Sie war 60 und machte gerade mit einer Jugendliebe eine Paddelfahrt auf der Donau ins Schwarze Meer. Doch kam sie, das war am Morgen danach, nur bis Klosterneuburg. Dann war es mit der Liebe und dem Paddeln vorbei. Gottfried und ich nahmen die Gestrandete kurzerhand nach Rindlberg mit, und wir haben es nicht bereut.

Geographie des Todes

1985

Rindlberg, 17. Jänner

Nachts wurden die Katzen unruhig. Sprangen immerzu ans Fenster und starrten hinaus. So auffällig, daß ich aufstand und nachschaute. Ein Schwein ging auf der Wiese an meinen Fenstern vorbei. Träumte ich? Aber ich war ja noch nicht eingeschlafen. (Die Leute, die früher in dem Haus lebten, hatten Schweine. War ich in die Vergangenheit geraten? Und die Katzen auch?) Wieder in meinem Bett, wurde der Raum fremder und fremder. Eine schwarze Katze stand vor meinem Bett. (Schwarz war nur Wui Wui, aber der ist tot.) Auch graue Katzen und andere, viele, kamen. Es war eine jener Nächte, die ich schon kenne. Räume und Zeiten geraten durcheinander. (Oder gerät mein Bewußtsein durcheinander, eine Art mentaler Entropie?) Eigentlich erwartete ich eine Ausfahrt. Aber es kam keine. Dafür wurde es, wie in letzter Zeit nachts immer häufiger, hell. Das Licht scheint irgendwie von mir selbst auszugehen. Rötlich. Da wir am Morgen nach Wien fahren wollten, sollte Gottfried mich früh wecken. Daran dachte ich als gewissen Trost. Endlich stand er in der Tür! Plötzlich bemerkte ich, daß seine Wangen lila waren. Ein Dämon, der als Gottfried erschien. Ich ergriff die Flucht. Sprang auf, tastete mich im Dunkel durchs Haus. Kam endlich in die Küche. Sie war taghell. Eine fremde Familie saß am Tisch. Zwei Frauen und ein Mann, in mittleren Jahren, und verblüfft, mich zu sehen. Die Küche war übrigens blau ausgemalt. (Jetzt ist sie weiß). Also ein Albtraum. Oder mehr? Aber ich sah während der ganzen Geschichte immer wieder auf die Uhr. 5.30, sechs Uhr früh, et cetera. Als Gottfried mich um 7 Uhr wirklich weckte, zweifelte ich an seiner Echtheit.

Rindlberg, 1. Februar

Heute nacht fuhr ich mit Gottfried im Traum in eine Garage. Wir rammten ein kleines rotes Automobil. Ich schrie auf: aber das ist ja unser eigenes! Wir hatten eine Seite aufgerissen, es war kaputt. Ich versuchte, mich an ein neues, grünes Automobil zu gewöhnen. Im Traum dachte ich darüber nach, ob ich mich mit ihm identifizieren könnte.

Rindlberg, 2. Februar

Wieder bin ich mit dem Auto unterwegs. Ich halte vor einem Haus am Kohlmarkt. Steige aus, um etwas hineinzutragen. Lasse die linke Tür offen. Ein großer Lastwagen fährt vorbei und rammt meinen Wagen. Ich büße mein linkes Hinterrad ein.

Bedeuten die beiden Träume Signale des Körpers, verraten sie so etwas wie ein physisches Drama? In der letzten Zeit ging es mir miserabel. (Herz.)

Rindlberg, 14. Februar

Gestern abend, beim Einschlafen, dachte ich an meinen Tod. Plötzlich, bei geschlossenen Augen, sah ich rechts über mir eine blaue Tiefe (ein wunderschönes mittleres Blau, eher hell), aus der ein Licht auf mich zuschoß. (Ein goldener Stern? Das Licht war sehr klein, also fern?) Das Ganze dauerte nur einen winzigen Moment. Aber es war von solcher Schönheit! (Nachher lauter Albträume; mir fielen die Zähne aus; Gottfrieds Herz erkrankte schlimmer; ich verlor meine Schuhe und mußte barfuß gehen; ich hatte einen kahlen Affen, der in einem Lastauto, das Gottfried fuhr, tobte, so daß ich aussteigen und versuchen mußte, ihn zu bändigen, dabei brachte ich die Autotüren nicht mehr zu, vermutlich fiel ich hinaus. Die weiteren Unglücke, es waren noch welche, hab ich vergessen.)

Nachträgliche Anmerkung: Auto heißt selbst! Jetzt fange ich an, zu begreifen…

Wien, 28. Februar

Träume

Ein Wald aus hohen Bäumen wird gefällt, um eine königliche Einrichtung aus Holz für mich zu schnitzen. Große Hochzeit; ich bin die Braut. Ich bin etwa Mitte dreißig, mein Bräutigam ist jünger, gefällt mir sehr. Aber ich bin für den Tag meiner Hochzeit mit meinem toten Freund Herbert Zand verabredet. Er wird auf mich warten. Ich will ihn anrufen. (Anrufung!) Und ihm absagen. Gehe in eine Telefonzelle. Mein Bräutigam ist eifersüchtig und böse. Ich schicke meinen Bräutigam fort, sage die Hochzeit ab, werde meine Verabredung mit Herbert Zand einhalten. Trinke ein Glas Champagner vor der sich auflösenden großen Hochzeitstafel. Begegne noch einmal meinem Bräutigam. Ein kleines Bedauern. Wir gehen ein paar Schritte nebeneinander, unsere Hände berühren sich, vielleicht? Ich wache auf.

(Deutung: mein junger schöner Bräutigam ist das Leben, Herbert Zand symbolisiert den Tod. Hatte ich noch einmal Gelegenheit, das Leben zu wählen?)

Wien, 1. März

Ich lebe in einem grauen Haus aus Stein. Auf der steinernen Brüstung der Terrasse steht ein großer schwerer Spiegel im steinernen Rahmen. Er ist auf die Wasser gerichtet, die mein Haus umströmen. Wilde, reißende, wogende, gischtige und klare Wasser. Herrliche Wasser! Ich esse kleine rote Samen aus meinem Spiegel. Viele Menschen sind in den Wassern. Ich wähle eine Stelle aus, an der ich selbst hineingehen werde. Der Grund ist eine wunderbare, in den Hügel gewaschene Mulde aus Stein, weiß und glatt wie Marmor. Viele Menschen waren dort, nun ist die Stelle klar und leer. Ich nehme den Spiegel von der Brüstung und stelle ihn, mit dem Silber nach innen, zum Haus, wieder auf.

Rindlberg, 4. März

Zum Major Händel-Traum: Händel begegnet mir nun unentwegt. Sein Name, seine Musik, es ist, als umgäbe er mich von allen Seiten. Habe auch seine Orgelkonzerte gekauft. Sonntag läuft der Film »Händels Auferstehung« im Fernsehen.

Nachträgliche Anmerkung: der Traum fehlt im Nächtebuch, habe ihn aber im Kalender gefunden, am 26. Februar in Wien. Ich war mit Gottfried und zwei Detektiven im Garten meiner Großeltern in Mauer. (So heißt der schönste Teil Hietzings, und meine Großeltern hatten dort einen Garten in der Wittgensteinstraße, er war das Paradies meiner Kindheit.) Es war Nacht, dunkelblau, Vollmond. Und der volle Mond war zugleich eine silberne Sichel! Ich ging allein unter den Marillenbaum, dann zur Hintertür aus dem Garten hinaus. Am Himmel lehnte eine Leiter, die ich hinaufstieg, aber sie war nicht hoch genug. Ich stand auf der letzten Stufe über dem Abgrund. Da stieg ein Major Händel hinter mir auf die Leiter und brachte mich unverletzt auf die Erde zurück. Dann saßen wir nebeneinander im Garten. Unauffällig und in mittleren Jahren auch er, mit dunkelblondem oder hellbraunem Haar, und mein Herz flog ihm zu. Eindringlich nannte er mir seinen Namen, eben Major Händel, und wenn ich wieder in den Himmel steigen wollte, sollte ich ihn vorher anrufen, lang!

Das war einer der schönsten Träume, die ich je hatte. Und schon beim Aufwachen wußte ich, Major Händel, der größere Händel, hat meine Auferstehung geschrieben, ist mein Engel.

Rindlberg, 9. März

Gestern gegen 22 Uhr wurde der Erzengel Michael plötzlich lebendig... Das Bild hängt in meinem Schreibzimmer. Gestern (Vollmond) guckte ich die hübsche Kitschserie »Dornenvögel« im Fernsehen an. Dann wollte ich der Katze Midu, die am Fenster unter dem Bild saß, gute Nacht sagen. Dabei streifte mein Blick zwangsläufig das Bild, und ich erstarrte. Das Bild bewegte sich nämlich! Pulsierte in gewaltigen Rhythmen, verwandelte sich fortwährend, und ein Gesicht hinter dem gemalten kam immer wieder durch! Es war halbdunkel, die Lampe brannte am anderen Ende des Zimmers, und so konnte ich die Züge dieses fremden Gesichts nicht klar erkennen. Auch war alles in Bewegung, wie eine Gewitterwolke. Ich war fasziniert, hatte aber auch Angst. Hielt mit beiden Händen die Katzen fest. (Schneeflöckchen kam auch dazu.) Ich sprach dann mit dem Bild, bat es, sich mir nur sanft und allmählich zu nähern. Ich hätte zu Füßen des Bildes schlafen können. Aber ich fürchtete mich. Blieb etwa eine Viertelstunde unter dem Bild. Einmal schien es, als lösten wir uns alle beide auf. Ich sah kein Bild mehr, und ich fühlte mich selber nicht. War das der Moment eines Ineinander-Übergehens, wie und wo immer? Ich hätte bleiben sollen, aber die Angst war größer. Ich ging – das Bild stand noch immer nicht still – in mein gegenüber gelegenes Schlafzimmer, las, nahm Nerventröpfchen und schlief schlecht und belanglos.

Rindlberg, 10. März

Heute abend hat das Bild sich wieder bewegt. Wie Wolken, die sich zusammenbrauen und wieder zerfließen. Auch die Wand vibrierte. Noch während das Phänomen anhielt, ging ich in mein Schlafzimmer hinüber.

Rindlberg, 19. März

Das Bild verändert sich, wenn ich es betrachte. Nicht bei hellem Tageslicht. Also findet die Veränderung in meinen Augen statt? Ich weiß es nicht. Und wenn ja, warum?

Ich habe das Bild gestern, einer plötzlichen Eingebung folgend, aus meinem Schreib- in mein Schlafzimmer gehängt. Keinerlei nächtliche Phänomene.

Noch etwas anderes vergaß ich, zu notieren. Vor einiger Zeit schweiften meine Gedanken von der Lektüre eines Buches zu der Frage ab, ob ich wohl beim Tod in einen Zustand der Seligkeit (nicht im katholischen Sinn!) eintreten würde. Ich schlug das Buch als Orakel an irgendeiner Seite auf und legte den Finger auf eine Textstelle. Dann las ich sie: »Am 10. Mai sah ihn seine Mutter vom Himmel herabsteigen, in ein schwarzes Gewand gekleidet.« Die Kapitelüberschrift auf der gleichen

Seite lautet »Bilder des Todes«, die Seite selbst hat die Zahl 77. Na bitte! Sieben = die Todeszahl, und die Antwort ging über meine Frage sogar hinaus. Ich trete in den Zustand der Seligkeit (Himmel) ein, und am 10. Mai (1987?) komme ich männlichen Geschlechts wieder auf die Erde zurück. Das Buch selbst hat den Titel »Hellsehen« von Jean-Pierre Spilmont.

Rindlberg, 3. April

Ging heute nacht im Traum über den Gaußplatz. Im Fenster meiner Mutter brannte Licht. Das verwunderte mich, da ich ja wußte, sie ist tot. Ich kletterte an der Fassade des Hauses hoch und stieg in ihr Zimmer. Alles war unverändert. Meine Mutter stand in ihrem braunen Mantel und Hut mit dem Rücken zu mir an der Wand. Ich umarmte sie. Und sah, daß Mantel und Hut leer waren. Inzwischen veränderte sich das Zimmer. Ich setzte die leere Hülle meiner Mutter auf den Stuhl neben einer Tür. Da sie ständig zusammenfiel, trieb ich einen goldenen Nagel durch ihren Hut in die Wand. Dann umarmte ich sie noch einmal.

Ob vor oder nach dieser Traumszene, weiß ich nicht. Aber ich ging auf einem nächtlichen Waldweg, den ich so gut schon kenne, und den es in meiner Tagwelt nicht gibt. Ich hatte große Angst, diesen Weg zu gehen, und ging ihn doch.

In meinen Träumen gibt es einige solche Wege, Straßen und Landschaften. Sogar ein unwegsames Wirtshaus in einem hohen Bergwald, wo ich manchmal einkehre.

Rindlberg, 13. April

Gestern abend beim Zähneputzen mußte ich immerzu denken: So schmölze doch dies allzu feste Fleisch!« Völlig idiotisch, und ich wußte im Moment nicht einmal, wen oder was ich zitierte. Heute früh schlug ich ein Buch auf (Leonard, »Der Rhythmus des Kosmos«) – nein, ich hatte es vorher *nicht* durchgeblättert! – und las: »O (also nicht so) schmölze doch dies allzu feste Fleisch«, Hamlet. Bedeutet? Die Gleichzeitigkeit der Zeit, oder? Daß alles, was geschehen wird, schon geschehen ist. Ich mag diese kleinen, völlig belanglosen Beweise. Sie erscheinen mir sicherer als die großen, emotionsgeladenen Brocken.

Rindlberg, 25. April

Heute morgen, vor dem Aufwachen, dieser Traum: Ich bin mit Gottfried in unserem Haus auf dem Berg. (Im Leben haben wir kein solches.) Allein gehe ich durch einen großen Spiegel, hinter dem ein verborgenes Zimmer liegt, das ich aus anderen Träumen gut kenne, und in dem ich doch immer wieder Neues entdecke. Schweifs Zimmer – das Zimmer von Lianne, Gottfrieds erster Frau. (Tot.) Es ist sehr groß, sehr schön, aber schon in Unordnung geraten, die Möbel stehen nicht mehr an ihren Plätzen. Ich wähle zwei kleine Bücher-Etageren für mich aus, einen halbrunden Tisch für Gäste und ein rundes kleines Einlege-Tischchen für mich. Auch Bilder, sie sind wunderschön. Ein junger Mann auf dem einen Bild, ganz in Frühlings- und Sommerlaub aufgegangen. Und ein junges Mädchen in Blau, von der Wiese, auf der es steht, kaum zu unterscheiden. Ich trete an den Schreibtisch, den ich aus vergangenen Träumen schon kenne. Er ist aus hellem Eibenholz, geschwungen. Ich setze mich auf einen zu niedrigen Stuhl davor, der Schreibtisch ist mir zu hoch. Doch ich beschließe, ihn nicht zu vergessen und ihn ein anderes Mal mitzunehmen.

Am Ende des Zimmers, das ins Freie führt, ist etwas großes, wunderbar rosig Leuchtendes, Weißes. Ich kann es mit nichts vergleichen. Auf diesem Zauberding mischt man die Vergangenheit mit der Zukunft. Diese Zeitpartikeln sind kleine Körner, ich glaube, schwarz und gelb. Ein polnischer Diener aus Berlin mit grobem Gesicht und stumpfem blonden Haar zeigt mir, wie man die Zeiten mischt. Er sagt, ich müßte gut aufpassen und alles in verschlossene Kuverts tun. Denn mischte sich etwas davon in die Gegenwart, würde es sie total verändern. Er warnte mich eindringlich. »Wir leben«, sagte er, »in einer Zeit wie vor der Völkerwanderung.« Ich mischte, allein gelassen, die Zeitpartikel, aber fast alle rutschten in die Gegenwart, wurden in sie hineingeweht, und nur einen kleinen Rest konnte ich sorgfältig verschließen. Ich war beklommen. Dann kehrte der stumpfe Blonde zurück und fuhr mich samt der verschlossenen Zeit in einem Auto fort. Obwohl auf dem Berg strahlender Sommer war, gerieten wir bei der Abfahrt fast sofort in tiefen, unberührten Schnee. Die Fahrt wurde schwierig. Ich bat meinen polnischen Chauffeur, mir seinen Namen und seine Adresse zu geben. Er nannte sie mehrere Male, aber ich begriff es nicht. Da bat ich ihn, beides für mich aufzuschreiben. Während er es tat, wachte ich auf.

Rindlberg, 27. April

Wenn wir alle Leben gleichzeitig leben, springen vermutlich Informationen zwischen ihnen hin und her. Zum Beispiel interessiere ich mich immer mehr für Medizin und denke, vielleicht kann ich es das nächste Mal brauchen. Irrtum! Diesmal, und nebenan. In einem Leben lösen wir vielleicht Probleme, die sich im anderen stellen.

Tulbingerkogel, 25. Mai

Heute nacht war der Kater Schneeflöckchen in Gottfrieds Zimmer, das vis à vis von meinem liegt. Technisch unmöglich! Der Hotel-Korridor liegt dazwischen, und wir hatten beide unsere Zimmer versperrt. (Alle Katzen bei mir.) Aber als Gottfried ins Badezimmer ging, strich Schneeflöckchen um seine Beine.

Tulbingerkogel, 26. Mai

Der Kater Mea Mea lief, träumte ich, ins Meer. Lief einfach unterm Wasser weiter. Ich, um ihn zu retten, ihm nach. Aber er lief immer tiefer. Mit der Zeit wurde das Wasser zu Schnee und zu Eis, und auf einem Eisberg stand ein Steinbock mit großen, gebogenen Hörnern. Ich fürchtete mich. Plötzlich war Gottfried da und hielt den Steinbock fest. Ich lief weiter Mea Mea durch Schnee und Eis nach. Und fand ihn zuletzt in einem alten Antiquitätenladen. Der Antiquitätenhändler badete ihn in einer Wiege, und Mea Meas Fell wurde goldfarben.

Rindlberg, 27. Juni

Als ich abends im Bett das Licht auslöschte, fühlte ich plötzlich ganz deutlich links über mir eine fremde Anwesenheit. Und gleichzeitig, als das Zimmer dunkel wurde, wurde es blau. Alles, der ganze Raum, blieb leuchtend blau. (Aber es war nicht Gottfrieds blaues Licht, sondern dunkler, das Blau, das ich manchmal hinter geschlossenen Augen sehe, und leuchtend.) Es dauerte vielleicht eine Minute. Dann schloß ich die Augen, und als ich sie wieder öffnete, war ganz normale Nacht.

Rindlberg, 29. Juni

Heute nacht träumte ich wieder von meiner zweiten, fast vergessenen Wohnung. Ich ging mit Gottfried hin, wollte mit ihm dort leben. Er lehnte mit der Begründung ab, es gäbe keinen Aufzug da hinauf. Aber es gab einen! Ich sah ihn deutlich, und hinter dem Milchglas der Tür eine schattenhafte Gestalt, deren Geschlecht ich nicht erkennen konnte. Aber es war vielleicht kein sicherer Aufzug, und jene Wohnung liegt im obersten Stock. Ich sagte Gottfried, ich würde von nun an abwechselnd in beiden Wohnungen sein. (Ich glaube, die Wohnung mit dem zweifelhaften Lift ist der Zustand des Todes; ich glaube, der Schatten fuhr abwärts und war ich selbst.)

Rindlberg, 15. Juli

Heute fand ich in einem alten Amour Noir-Manuskript Igors Todesanzeige. Er starb in der Nacht vom 27. zum 28. Juni 1981. Ich war mit meinen Gedanken in letzter Zeit viel bei ihm, da er mich zur Hauptfigur von Amour Noir (Jaroslaw Tarski) anregte, und dieser Roman nun nach 25 Jahren erscheint. Ich schrieb noch am Nachwort, las Fahnen. 27.–28. Juni? Aus purer Neugier schaute ich in den Kalender, was ich da tat? Stellte fest, ich war in Rindlberg. Aber auf die Seite des 28. Juni, noch vor den ersten Morgenstunden, schrieb ich *Salzburg*, und davor einen nach unten weisenden Pfeil. Und ich finde immer wieder solche scheinbar sinnlosen Worte und Notizen in den Kalendern all der Jahre. Hinterher ergeben sie einen überraschenden Sinn. Igor starb in Salzburg.

Rindlberg, 24. Juli

Gestern abend stand ich wieder vor dem Michael-Bild. Abermals bewegte sich, vibrierte die hölzerne Wand unter meinen Händen, bewegte sich, vibrierte das Gesicht auf dem Bild. Es veränderte unablässig seinen Ausdruck, später auch alle Züge. Vielleicht war es nur so lebendig wie meine Augen, aber selbst das ist aufregend genug. Ich phantasierte gewiß nicht, hielt aber die Augen starr auf das Bild gerichtet. Nach einigen Minuten löste ich mich von ihm ab und ging zu Bett.

Rindlberg, 25. Juli

Irgendwas in mir drängte mich, Gottfried am Abend 3 Tarot-Karten ziehen zu lassen. Ich hatte es selbst Tage vorher getan und den Tod, den Narren und den Magier gewählt. Gottfried wählte die Kraft, den Hierophanten und den Stern. (Alles in dieser Reihenfolge.)

Rindlberg, 27. Juli

Wenn ich vor dem Michael-Bild stehe, ist es kein Bild mehr sondern ein Prozeß, Bewegung und Verwandlung. Aber heute nacht – und ich vergaß am Abend, das Bild anzuschauen – träumte ich von einem Fest. (Wieso immer Feste?) Am Nebentisch war ein schwarz gekleideter Priester, grauhaarig, vielleicht um die fünfzig, sehr weltläufig: Max Prantl! Aber weder innerlich noch äußerlich sah er ihm ähnlich. Auch im Traum wußte ich, daß ich die Publizierung seines Buches bewirkt hatte und daß wir einander noch nicht kannten. Mit einigen Leuten, die mir gleichfalls fremd waren, verließ er das Fest. Ich sprach ihn nicht an. Aber ich wußte, wir würden einander sehr bald wieder begegnen.

Rindlberg, 28. Juli

Heute nacht träumte mir von einem trompetenspielenden Arzt, dem ich mein Grab zeigte.

Wien, 30. Juli

Papa (†) war im Traum mein Gast auf einem Fest. Er brachte mir als Geschenk eine rote Rose mit. Aber es war kein Rot, das auf dieser Welt vorkommt. (Auch im Traum wußte ich, daß er tot war.)

Rindlberg, 4. August

Mama (†) kam heute nacht im Traum von einer Reise zurück. Mein Bruder Karli und ich stellten uns bei ihr ein. Sie brachte in ihrem Gepäck zwei sonderbare, sehr schöne Bilder mit. Ich erinnere mich an die Farben Rot und Blau. Es schienen mystische Bilder zu sein, weder konkret noch abstrakt.

Rindlberg, 5. August

Im Traum schon wieder eine neue Wohnung! Sie war herrlich, aber leider wachte ich, bevor ich sie betrat, auf. (Im Traum erinnerte ich mich aber an sie.)

Heute abend zwischen 20 und 20.30 Uhr sah Gottfried wieder zwei Geisterkatzen. Eine schwarze kam in die Küche, und eine graue schlich etwas später durchs Gras. Ich selbst sah nichts.

Rindlberg, 15. August

Drei Ausfahrten heute nacht! Und zwar ganz verrückt. Zuerst wurden meine Beine hochgezogen, dann machte ich ein Salto Mortale rücklings in die Luft, und dann flog ich, ebenfalls rücklings, davon. Mitten durch die Bäume auf unserer Nordwiese. Mit meinen Füßen riß ich dabei einen Zweig ab, als Beweis für den Morgen. Es war herrlich, ich flog wieder in die Sterne hinein, und sie waren viel dichter beisammen als sonst, einer neben dem andern. Vor Glück hab ich geschrien oder gejauchzt oder irgend sowas, ich weiß nicht mehr. Auch nicht, was nachher geschah.

Wieder im Leib, stand ich auf und legte den Zweig in die Schublade der blauen Kredenz in meinem Schlafzimmer.

Die nächste Ausfahrt war auch nicht normal. Ich fuhr mit den Beinen voran hoch, Kopf unten, und so blieb es auch. Eine verkehrte Himmelfahrt, ein Kopfstand oder vielmehr Kopfflug. Nur, das machte mir überhaupt nichts. Ich habe noch eine Menge erlebt, und – wieder im Leib – war ich sicher, ich wüßte es noch am Morgen. Nein, weiß es nicht. Nur, daß ich sofort nachschaute in der blauen Kredenz – der Zweig war noch da!

Die dritte Ausfahrt war eine Abfahrt. Rasend schnell versank ich im Innern der Erde, das war wie schwarzer Raum, in den ich abwärts hineinflog. Auch hier hat meine Erinnerung große Lükken. Ich weiß nur, daß – als ich in mein Zimmer zurückkehrte, mein Zimmer nicht mehr mein Zimmer war. Das heißt es war schon meins, aber total anders! Nicht die geringste Ähnlichkeit. Da war auch noch ein sonderbares orangefarbenes Licht, in das dieses nächtliche Zimmer getaucht war, und es war hell. Ich habe auch einen Mann besucht, dessen Frau im Sterben lag. Einen unbekannten Mann, obwohl er mich an einen sehr lieben Tischler meines Vaters erinnerte; damals war ich noch ein Kind. Aus dem Fenster dieses Mannes mit der sterbenden Frau sah ich auf das andere Wien, das magische, in dem ich mich immer wieder mit den Toten treffe. (Wie kam ich in den Leib zurück?)

Als ich heute morgen in der blauen Kredenz nachschaute, war da natürlich kein Zweig. Zwar könnte ich geträumt haben, einen Traum im Traum im Traum, wie eine russische Puppe. Nur, ich *weiß*, daß ich nicht träumte, und ich wußte auch – vielleicht wie ein Epileptiker vor dem Anfall – immer, daß ich jetzt gleich eine Ausfahrt haben würde, und ich hatte keine Angst.

Meine Vermutung: Auch die Dinge haben so etwas wie einen siderischen Leib. Auch die blaue Kredenz hat mehr als nur einen Zustand! Und in einem von ihnen liegt mein Beweismaterial. Völlig unzugänglich in den Zuständen, in denen wir drei momentan sind: Kredenz, Zweig und ich.

Übrigens, Gottfried hat nichts gemerkt.

Ossiach, 25. August

Während eines Mittagsschlafs im Stift Ossiach blieb ich wieder in einem Zustand zwischen den Zuständen Wachen und Traum stecken. Vorher war ich, im Traum, durch einen sich bergwärts ziehenden hohen Wald gegangen, der mir – obwohl er kein Gegenstück in meiner realen Welt hat – unendlich vertraut war. Ich stöhnte leise – das einzige, was ich in solchen Zuständen kann. Denn ich wußte ja, Gottfried lag im Bett neben mir und würde mich retten.

Seine Geschichte: Gottfried erwachte davon, daß ich im Schlaf sprach, und zwar mit völlig normaler Stimme. Was ich sagte, weiß er nicht mehr, er war wohl noch zu benommen. Dann hörte er mich stöhnen und begann, mich zu schütteln. Ich hörte auf zu stöhnen und rührte mich überhaupt nicht mehr. Er rüttelte und schüttelte mich, sagte er, schrecklich lang. Ich war völlig leblos. Er dachte, ich wäre gestorben. Dann, und es wäre sehr viel Zeit vergangen, sagt er, kam meine Stimme ganz tief von weit her. »Von tief unten herauf«, sagte er. Ich erinnere mich nur, mit jemandem nicht bloß außerkörperlich sondern auch außerhalb der Sprache Informationen ausgetauscht zu haben. Welche? Ich weiß es nicht mehr.

Rindlberg, 1. September

Heute nacht im Traum eine Stimme: »Gott hat die Welt erschaffen. Dann ließ er sie langsam los, und das Chaos entstand.« (Aber das deckt sich überhaupt nicht mit meiner Anschauung der Welt!)

Im (gleichen?) Traum liege ich mit Gottfried in meinem realen Bett, und durch das reale Fenster erblicken wir im Norden einen Stern über dem Wald. Der Stern ist so groß wie ein kleiner Mond, golden, und von einem wunderbaren Strahlenkranz umgeben, einer Corona aus Lichtstrahlen und Lichtkugeln. Wir sind aufgeregt und entzückt, wissen, daß etwas Besonderes geschieht. Dann wird der große Stern noch größer und zur Sonne am Nachthimmel.

Rindlberg, 19. September

Traum: ich gehe durch eine fremde Stadt, mein Gefühl assoziiert sie mit New York. Ich putze mit einem weißen Tuch den Staub von den Häusern. Es ist dunkel, Dämmerung oder Nacht. Hinter mir ruft eine Gruppe von Menschen meinen Namen: Lotte! Lotte! Lotte! Ich bin nackt und hülle mich in ein weißes Leintuch. Ich entferne mich rasch von der zurückbleibenden Gruppe. Es ist die rechte Straßenseite, auf der ich gehe, und in einem Torbogen pflücke ich ein vierblättriges Doppelkleeblatt. (2 × 4 Blätter an einem Stengel.) Ich gehe in mein zukünftiges Haus. Meine Wohnung liegt hoch oben, im vorletzten oder letzten Stock. Sie ist sehr groß, noch völlig leer, Dämmerung in den Räumen. Und sie ist noch nicht fertig, an ihr wird erst gebaut. Aber ich bin allein. Der linke Teil dieser Wohnung wird, so scheint es, Gottfried gehören. Ich gehe durch die großen Räume, immer nach rechts, dieser Teil gehört mir. Ganz rechts schaue ich durch das noch nicht völlig geschlossene Dachgerüst ins Freie. Obwohl der Raum noch dunkel ist, ist es draußen sehr hell. Ein Strom fließt gerade unter meinem Haus, von grünen Wiesen umsäumt, und auch von sehr schönen Häusern der fremden Stadt. In der Ferne direkt vor mir, auch über dem Strom, wunderbare, ganz fremde Gebäude mit Kuppeln. Ich bin glücklich. Ich beschließe, hier einzuziehen und aus dem Fenster, das es noch nicht gibt, zu schauen. Erwache voll Freude.

Deutung: New York ist die neue Welt, die fremde Stadt mein neuer Körper. Die Dämmerung oder Nacht der Zustand zwischen diesem und meinem nächsten Leben. Die Menschen, die mich rufen, während ich mich von ihnen entferne, gehören diesem Leben an. Der Staub, den ich von den dunklen Häusern putze? Vielleicht die Vergangenheit, Asche? Ich bin nackt, also noch ohne Schicksal. Das weiße Leintuch ist mein Leichentuch. Die rechte Seite ist die Zukunft? Der doppelte Glücksklee? Ja, hoffentlich! Die Wohnung – mein Bewußtsein. Der Strom, ich weiß nicht. Das Haus stand direkt darauf, und auch die Häuser in der Ferne, mit Kuppeln und Türmen, nicht orientalisch, nur fremd und sehr schön. Kundalini? Der Lebensstrom? Der Strom der Zeit? Ich glaube, ich baue schon an meinem nächsten Leib, an meinem nächsten Bewußtsein, an meiner nächsten Welt.

Rindlberg, 30. September

Heute nach dem Frühstück las ich, wie alle Tage, »Gödel, Escher, Bach«. Auf Seite 618 stieß ich auf das kleine Kapitel »Tarskis Satz«. Aha, dachte ich, heute kommt mein Roman »Amour Noir« heraus. Dessen Hauptfigur heißt nämlich Tarski, und ich bin inzwischen an Koinzidenzen gewöhnt. Da läutete auch schon das Telefon, der Verlag war dran, »Amour noir« ist soeben erschienen. Na bitte!

Rindlberg, 9. Oktober

Heute nacht zwischen 1.30 und 3 Uhr habe ich wieder auf dem Flur gesprochen. Gottfried rief mehrmals nach mir, machte die Tür auf, guckte nach. Nichts. (Ich schlief während dieser Zeit in meinem Bett.) Gottfried sah auch zwei- bis dreimal große goldene Lichtflocken in seinem Zimmer. Sie geisterten über die Bücher. (Das Zimmer, in dem er schläft, besteht – außer dem Bett – fast nur aus Büchern.)

Rindelberg, 11. Oktober

Heute nacht, etwa 3.15 Uhr, sagte meine Stimme vor Gottfrieds Tür: »Fertig!« Er macht die Tür auf, niemand da. (Natürlich nicht, ich schlief.) Was es bedeutet? Keine Ahnung. Vielleicht kehrte ich gerade von einer Ausfahrt zurück.

Wien, 24. Oktober

Heute um etwa 18.30 Uhr, Gottfried aß gerade in der Küche, bemerkte ich plötzlich, daß er sich auf und ab wiegt. Vor und zurück. Nicht drastisch, aber seine Augen wurden so sonderbar, und ich bekam große Angst um ihn. »Was ist das für eine Musik?«, fragte er mehrmals. »Was ist das nur für eine Musik?« Ehrlich gesagt, ich dachte, er stirbt.

Dies ist die Geschichte, die er mir, als es vorbei war – und es dauerte, wenigstens für meine Angst, schrecklich lang – erzählte.

Gottfried: »Eine Stimme trat auf von einer strahlenden, unbegreiflichen Schönheit, und da traten viele Stimmen dazu, von denen ich nicht begriff, wodurch sie ihre brennende, zusammenklingende Schönheit bekamen. Diese Schönheit war etwas, das ich nie wahrgenommen hatte und von der ich glaube, daß ich auch nie von ihr eine Ahnung hatte. Ahnungslos, nicht ohne Entsetzen hörte ich einen Ablauf eines Musikstückes, von dem ich nicht wußte, daß es es geben kann. Denn diese Schönheit war so, daß sie den, der sie hört, verbrennt. Dieses Verbrennen aber war die höchste Gnade. Höheres schien mir nicht möglich. Aus. – Schreib noch dazu: Der Absturz in das völlig dumpfe, total Amorphe erfolgte sofort. Bin ein dummer, einsichtsloser Mensch. Jetzt. – Aus.«

Ich: »War es das blaue Licht als Klang?«

Gottfried: »Na, sicher! Sicher, sicher.«

Ich: »Vertraute Instrumente?«

Gottfried: »Nee. Völlig fremde. Nichts von dem Orchester, das ich kenne. Keine Geigen, die ich so liebe. Nichts. Und alles in großer Höhe. Weißt du, dieses merkwürdige Bild von Breughel, die Blinden in Neapel, die so hinaufgucken und aneinandergelehnt gehen, das war's. Mit diesen hohlen Augenhöhlen und völlig dem Gehör anheimgegeben, mit Entsetzen und betroffen.«

Ich: »Würde es der Farbe Violett entsprechen?« (Höchste sichtbare Frequenz)

Gottfried: »Ultra. Es ist der Ultraschall. Aber der harmonische.«

Ja, und vorher, als es begann und er immer wieder sagte »Was ist das für eine Musik?«, sagte er auch: »Ich könnte es mitschreiben. In der Schärfe.«

Ich: »Soll ich Papier bringen?«

Gottfried: »Nein! Das wäre ein Fluch.«

Nachher sagte er noch:

»Nicht in Noten, nicht in Wörtern. Noten und Wörter sind zu gegenständlich. In einer Sphärenschrift. Also etwas, das es nicht gibt.«

Dann – und er hatte gerade eine schon lange, schwere Bronchitis, die hat er immer wieder, und sie ging aufs Herz:

»Aber das Komische ist, das hab ich nur, wenn ich krank bin – im gesunden Zustand erschlag ich es ja! Also nur stark reduziert. Sonst schreib ich ja reale Klänge. Das heißt, daß das Ganze transitorisch ist. In einem anderen Bezirk. Aber instantiell. Von Jetzt auf Jetzt.«

Ich: »Hattest du keine Angst?«

Gottfried: »Nein, das ist mir adäquat. Mein völlig normaler, mir zustehender Zustand. Ich möcht' nicht einmal sagen, daß es mich wundert, wenn ich mich berühr', daß ich nicht da bin.«

Nachtrag: am nächsten Tag erfuhren wir, daß Hofrat Bartosch gestorben ist. Ich bat Gottfried, die Witwe zu fragen, was zwischen 6 und 7 Uhr abends war. Also, genau da fiel er ins Koma, und dann starb er in der gleichen Nacht.

Wien, 1. November

Suchte im Traum mit Gottfried ein neues Haus. Nach Besichtigung mehrerer Häuser, die ich vergessen habe, entschlossen wir uns für einen Trakt in einem Haus, dessen Fassade schon – wie der Bürgermeister Zilk von Wien, der höhnisch vor dem Haus kniete, feststellte – abbröckelte. Unser Trakt bestand aus einem großen Zimmer für Gottfried, einem kleinen für mich, und sie hatten, glaube ich, Kuppeln. Aber das schönste war das Bad: ein sehr langer, schmaler, viereckiger Innenhof, mit halbhohem Gras bewachsen, in dessen genauer Mitte eine weiße Badewanne stand. Nahe unserem neuen Quartier floß die Donau, aber nicht die diesseitige. Sondern es war eine jenseitig wunderbare Stromlandschaft, die ich schon kenne. Und nicht weit davon lag, wie ich zufrieden bemerkte, der Flughafen. In meinem letzten Lebensjahr, so dachte ich im Traum, würde ich wohl oft fliegen. Das Waldviertel gab ich wehen Herzens auf. Aber da war vorher, noch vor dem neuen Haus im Traum, ein Wald, der mir auch schon vertraut ist, und von einem Hügel des Waldes kamen Tiere herunter auf mich zu.

Gottfried besuchte mich um diese Zeit in meinem Zimmer, es war etwa 5 Uhr früh, ich lag wie tot, fast ohne Atem.

Wien, 2. November

Traum Jörg Mauthe. (stirbt eben) Zwei Wirtshäuser. Das Wirtshaus zur Sonne gehört Jörgs Bruder. Das Wirtshaus zum Mond gehört Jörg. Gottfried und ich gehen ins Wirtshaus zum Mond. Trinken Rosé-Wein. Gottfried verschwindet. Die Rechnung kommt. Über 900 Schillinge, ich gebe tausend. Nächste Station: ich in Jörg Mauthes Büro im (jenseitigen!) Wien. Jörg ganz klein, kniehoch, ein Zwerg. Ich erzähle ihm im Traum den Traum vom Wirtshaus zum Mond. Bin so viel größer als er, möchte mich über ihn beugen, finde es aber unpassend. Verkrampfe meine Kiefer, zwei linke untere Backenzähne brechen aus. Jörg verkauft, weil er sterben wird, seine Einrichtung. Ich möchte einen seiner beiden (ungleichen) gläsernen Stühle haben, den, in dem man schaukeln kann. Auch seine Brille. (Im Traum hat er eine.) Dritte Station: in einem großen Kleiderhaus im jenseitigen Wien, das ich auch schon kenne, suche ich ein Gewand für mich aus. Jörg hat mich für 13 Uhr eingeladen. (mittag!) Um 12.45 Uhr breche ich auf. Bewege mich in Trambahnen und Liften durch die Geisterstadt. Schaue auf die Uhr. 12.55 Uhr. Ich wache auf. Versuche, mich genau an meinen Traum zu erinnern. Da schlägt die Turmglocke von St. Stephan 1 Uhr! (nacht!)

Dem ging ein paar Nächte vorher ein Traum in Rindlberg voran, den ich nicht notierte, den ich Jörg aber schrieb: Wir umarmten uns abschiednehmend am Ufer eines großen Stroms, in einer Landschaft von überirdischer Schönheit.

Wien, 7. November

Heute nacht hab ich zusammen mit Gottfried im Traum die Wohnung von Jörg Mauthe im jenseitigen Wien bezogen. Seine

Witwe, die wir nicht sahen, wohnte im Stockwerk darunter. Jörg war eben gestorben. Zwei große, schöne Räume, die Zwischenwand weitgehend aufgebrochen, mit einem ländlichen bunten Teppich drapiert. Der Ausblick, obwohl die reale Wohnung hinter der Votivkirche liegt und ich sie gar nicht kenne, war in eine einsame ländliche Wiesenlandschaft mit Bäumen, sehr schön. Die Schlüssel zu meiner eigenen Wohnung im jenseitigen Wien hatte ich im Traum verloren.

Wien, 8. November

In den letzten 24 Stunden sind mir mehrere Menschen begegnet, die ich im ersten Moment für längst verstorbene Freunde und Bekannte hielt. Aber nur ihre Ähnlichkeit war frappant. Im Leben begegnet einem nach dem Ähnlichen fast immer der Wirkliche. Also?

Deutung 2: Ich betrachte Menschen schon lange nicht mehr als fest und begrenzt. Reagiere auf Ähnlichkeiten etwa so: »Das war beinahe schon der Papa! – Nicht mehr ganz Herbert Zand. – Mir scheint, der wird bald der Sowieso sein.« Es ist wie ein Fluß aus Punkten, und die Punkte haben Namen. Oder, noch deutlicher: Personen sind Prozesse, die in verschiedenen Stadien verschiedene Namen haben.

Rindlberg, 10. November

Heute nacht brachte ich Mutti im Traum Kaffee. Ein kompliziertes Ritual, und mit dem Kaffee ging ich auf eine große Reise. Weiß nicht, ob ich ankam. Kaffee trinkt man beim Aufwachen. Aus welchem Traum wacht Mutti jetzt auf?

Noch etwas: meine Energie wächst mit jedem Tag, die Zeit ist beinahe beliebig dehnbar; ich kann tun, was ich will, und ich tue sehr viel.

Rindlberg, 12. November

Ich habe die Geschichte von Elfriede Pipsian noch nicht erzählt. Am 28. Oktober stand ein kläglicher kleiner Vogel unter unserem Haustor in der Nikolaigasse. Ich dachte, er wäre krank. Und er piepste mich an. Nahm ihn auf. Sah wie ein kleiner Kahlkopfgeier aus, war aber eine junge Taube. Das bezauberndste Ding, das man sich vorstellen kann! Sogar die Katzen hatten sie gern. Hielt sie aber vorsichtshalber in einem großen Käfig. Nistete am liebsten unter meinem Pullover. (Kein Problem, hab eine Waschmaschine.) Lebhaft, fröhlich, zutraulich, zärtlich. Reisten also mit Vogelkäfig und Katzenkorb zwischen Wien und Rindlberg hin und her. Gestern auch, denn Gottfrieds 4. Quartett wurde gespielt. War schon bei der Tür draußen, ging wieder zurück. Dachte, und wenn doch ein Katzenpfötchen sich in den Käfig zwängt? Warf also meinen Plaid über den Käfig. Ja, und als wir nach Haus kamen, war Elfriede tot. Erstickt? Werde es nie genau wissen. Heulte Rotz und Wasser. Nahm sie wieder nach Rindlberg mit und begrub sie im Gemeinschaftsgrab. (Wui Wui, Pelzchen, Mümmy, ein Eichhörnchen namens Herr Hörndl, später ich.) Unter Heckenrosen und Birken. In meinem Pullover. Dann unter dem Michael-Bild. (Rücke ihm seit Nächten mit meinem Bett immer näher, weiß nicht, warum.) Sehe plötzlich, aber er hält ja in seiner linken Hand eine Taube, die unter seiner rechten Achsel nistet! Genau wie Elfriede bei mir. Sie starb am 11. 11., und sie war 15 Tage bei uns. Von Anfang an roch sie nach Weihrauch. Zuerst hab ich sie darum Elfriede Weihrauch getauft, aber Gottfried sagte, nein, Pipsian.

Nachts, 21.50 Uhr: Elfriede ist in einem anderen Teil meiner selbst. Denn ich bin auch in einem anderen Teil von ihr, jetzt.

Rindlberg, 13. November

Schneeflöckchen war heute morgen total verrückt. Raste im Haus herum und versteckte sich überall, sogar vor der Hühnerleber! Dabei ist es wirklich verfressen, wir nennen es sogar Kriminalflöckchen, weil es immer probiert, Dudu und Mea was wegzuschnappen. Und dann verkriecht es sich, wenn ich füttere? Traut sich nicht über die Küchenschwelle? Flattert also die kleine Taube durchs Haus?

In der Nacht hab ich wieder von Jörg Mauthe geträumt. Aber

ich schaue nur durch einen schmalen Spalt der Erinnerung. Die vier Elemente. Ich war Wasser und Luft. Er Feuer und Erde? Wie eine Sternschnuppe fiel am Vormittag das Traumbild durch mich, so schnell, daß ich ihm nicht zu folgen vermochte. (Erkennen wir Ereignisse nur, wenn sie in bestimmten Geschwindigkeiten erfolgen? Was sehr rasch oder sehr langsam geschieht, nehmen wir gar nicht wahr!)

Nochmals Jörg Mauthe: nach dem ersten Traum am Fluß mit den goldenen Nebeln löste ich ihn in der mittäglichen Geisterstunde, 12–13 Uhr, vor meinen (geschlossenen) Augen auf. Beschwor sein Bild und ließ es dann langsam von den Füßen aufwärts verschwinden. Zurück blieb ein Leuchten. (So zwischen Blau und Grün.) Mein Wunsch, ihn über die Grenze zu begleiten. Die innere Stimme: »Bist du bereit, ein Pfand zurückzulassen?« Ich erschrecke. Sehe Krankheit, Verstümmelung. Das Leuchten erlischt. Wird grau. Ich: »Ja, ich bin dazu bereit.« Das Leuchten kehrt zurück.

Eine Verwirrung, eine Verspinnung der Felder? Versuche ich das? Und, als Resultat, die Präsenz in beiden Zuständen. Lebendig *und* tot. Beide, und beides.

Rindlberg, 14. November

Heute mittag dieselbe Geschichte mit Schneeflöckchen. Zerrt, während ich das Futter vorbereite, schon ungeduldig an meinen Hosenbeinen. Und schwups, ist es plötzlich verschwunden. Hockt vor der Küche und traut sich nicht über die Schwelle. Guckt immerzu voll Angst auf eine Stelle hinter mir. Ich halte ihm sein volles Näpfchen hin. Konflikt. Angst und Gier. Will kommen, schreckt zurück. Ich begriff: Elfriede! Und stellte ihm sein Futter vor die Tür, wo er es heißhungrig verschlang. Reichte der kleinen toten Taube ein paar Maiskörner. (Auch abends lege ich immer Futter auf ihr verschneites Grab, die Weisheit uralter Sitten langsam verstehend.)

Wien, 17. November

Heute nacht war ich in etwas, das einer erleuchteten Straßenbahn glich. Und zwar schwebte ich horizontal im rechten Winkel vor einem mir unbekannten Menschen und tat irgendetwas, das ich nicht mehr verstehe, mit ihm. In der Gegend Mund, Hals, Herz. Ich erwachte mit den Worten: »Liebreich streife ab ich deinen Leib.« Danach schlief ich sehr schlecht, und bei jedem Aufwachen kehrten diese Worte zurück. War ich bei einem Sterbenden?

Wien, 21. November

Mittagessen bei Arnold und Willi Keyserling. Unsere Horoskope: Gottfried steht gerade auf seiner Sonne, ich auf meinem Mond. Schön!

Rindlberg, 29. November

Träume ich nur mehr von Toten? Heute nacht besuchte Igor mich (im Traum 13.55 Uhr) in meiner obersten Wohnung. Ganz eine neue, ohne Dach, die Terrasse im Himmel. Ich wohnte aber noch einen Stock tiefer bei meinen toten Eltern. Papa tanzte mit mir, und er war so groß, viel größer als im Leben. Aber Mama wollte mich nicht fort- und hinaufgehen lassen. Also aß ich noch mit ihr, während Igor, und er war strahlend, oben auf mich wartete. Endlich kam ich dort an. Aber was dann geschah, weiß ich nicht mehr. (Ich glaube, er trug einen weißen Anzug.)

In der Traumnacht davor lag meine Mutter in den Wehen, und ich – noch ein Kind – stand auf der Straße vor dem Haus des betrunkenen Arztes und flehte ihn an, herunterzukommen und sie zu entbinden.

Rindlberg, 30. November

Als ich heute nacht im Traum ohne Schlüssel meine alte Wohnung im jenseitigen Wien besuchte (endgültig letzter Stock!), war sie schon besetzt. Eine ältere Frau öffnete mir die Tür. Sie war freundlich. An ihr vorbei sah ich den blauen Himmel über den Räumen, und ziegelrote Türme auf dem offenen Dach.

War vielleicht ich selbst die Frau, die dort wohnt?

Rindlberg, 23. Dezember

Vom 22. zum 23. Dezember sind, so las ich, die Welten geöffnet. Ich legte mich abends mit dem Kopf nach Südost schlafen und bat mein drittes Auge, sich zu öffnen. Bat die Welten, sich in ihm zu begegnen. Bat mein Herz, eine Brücke aus Liebe, Leere und Licht zwischen der Welt der Lebenden und der Welt der Toten zu sein. Sogleich wurde ich von großer Müdigkeit erfaßt und schlief ein. Nachts erwachte ich mit der Erinnerung an einen Traum:

Ich war in einem fernen, wunderbaren Land gewesen, mehr weiß ich nicht mehr davon. Die Bilder, will ich sie festhalten, zerfließen. Zurück bleibt ein goldgelbes oder hellbraungoldenes Licht. Von der gleichen Farbe war das Fell einer leuchtenden Katze, wie eine Hirschkuh, so groß. Sie sprang aus dem Rindlberger Wald und lief direkt auf unser Haus zu. Ich sah sie, obwohl ich selbst in einer fremden Stadt war. Einer Stadt mit engen alten Gassen, und ich trat gerade in eine dunkle Kirche ein. Eine Totenmesse wurde gefeiert, aber von ganz anderer Art, als ich sie kenne. Der oder die Tote lag nicht im Sarg, sondern auf den Steinfliesen vor dem Altar, und ringsum bewegten sich Menschen in einem ekstatischen Trauertanz. Ich drückte mich neben meinen Bruder an die Wand. Gottfried war irgendwo in der Menge, ich sah ihn nicht. Direkt neben uns stand der Priester, dunkel und bärtig. Zuerst hielt ich ihn für alt, doch wurde er immer jünger. Er sang und klagte und schrie, und er wand sich in einem wilden Schlangentanz. Einzeln fielen die Stimmen der anderen ein wie in einem Spiel, das streng war und zugleich voll Raserei. So habe ich Trauer noch nie erlebt, und sie war zugleich auch Verzückung. Leidenschaftlich, archaisch. So sollte der Tod sein, dachte ich. Und so der Abschied. Ich verließ die Kirche und wachte auf.

Rindlberg, 24. Dezember

Mein Bruder hat aus einer alten Wurzel eine Schlange für mich geschnitzt und sie mir heute zu Weihnachten geschenkt. Sie ist hell, schön, geheimnisvoll. Hab ich sie nicht in der letzten Rauhnacht 1983 getanzt? Dazu schenkte er mir »Bilder aus der unsichtbaren Welt«, Zaubersprüche der Maya und Lakandonen. Neugierig schlug ich das Buch zum ersten Mal auf und las: »Die im Text des Divinationsliedes angerufene Schlange ist eine zeremonielle Anrede an den Unterweltgott Sukunkyum…« Es folgt das Lied »Wo ist die Schlange, die da sprach?« (Seite 112)

Im Traum reiste ich letzte Nacht auf einem Schiff übers Meer. Fremde Kontinente am Ufer, mir aber aus anderen Träumen vertraut. Gottfried starb. Ich fragte ihn, ob es ihn immer noch gäbe? »Ja«, sagte er. »In der oberen Welt. Die aber ist nicht auf deinen Zustand bezogen.« Ich küßte seine unsichtbare Hand.

Da es keine Zeit gibt, wir also lebendig *und* tot sind – hat Gottfried mich als Toter belehrt? Abends am offenen Kamin, nach der Bescherung, fragte ich ihn und erzählte den Traum. Auch er ist von unserer doppelten Natur überzeugt. »Die obere Welt ist nicht auf meinen Zustand bezogen. Muß ich ihn ändern, um sie zu erkennen?« »Ja«, sagte Gottfried.

* * *

Seraphita

Schweif, das war Lianne von Bismarck, Gottfrieds erste Frau. Er nannte sie so wegen ihres dicken, langen blonden Zopfs. Sie muß von großem Liebreiz gewesen sein, und ich bin sicher, daß wir uns posthum vertragen. Sie ist zwei Jahre, bevor ich Gottfried kennenlernte, gestorben. Aber im Wald hinter unserem Haus schwebte sie eines Nachmittags langsam an ihm vorbei. Bei mir spukte sie nie.

Dafür Gottfrieds Mama! Ich glaube, ich hab die Geschichte noch gar nicht erzählt. Früher nämlich, vor Rindlberg, verbrachten wir die Sommer in einem alten steirischen Haus, in dem sie einst lebte. Gekannt hab ich sie nicht mehr. Doch um die Mittagszeit begegnete ich ein paarmal im Korridor einer großen schwarzen Gestalt. Sie glitt vorbei, und ich empfand keine Furcht. Als ich sie Gottfried beschrieb, erkannte er seine Mama. Nach den vielen Geschichten, die von ihr erzählt werden, muß sie eine sehr schillernde Persönlichkeit gewesen sein. Schön, faszinierend, gefährlich. Eine Löwenjägerin. Ich war heilfroh, daß sie schon ein Gespenst war. Als Schwiegermutter, dachte ich, wäre sie der Schrecken in Person. Irrtum! Eines Nachts schwammen wir im Traum nebeneinander im Meer, sie im altmodischen schwarzen Badetrikot. Eingetaucht in ein leuchtendes Feld aus Sympathie, lachten wir und erzählten einander – ja, was? Der Morgen warf graue Schleier des Vergessens darüber.

Hofrat Bartosch, mit dessen Sterben Gottfried kommunizierte, war Präsident der Alban Berg Stiftung, und Gottfried ist nun sein Nachfolger geworden. Sie waren einander sehr zugetan, und zugetan waren sie auch der toten Helene Berg, der Witwe des Komponisten, die ihnen ihren letzten Willen anvertraut hat. Dies hat sie wohl über das gewöhnliche Maß hinaus miteinander verbunden. Denn Helene Berg war eine höchst ungewöhnliche Frau. »Wenn ich dich anschau«, sagte ich einmal zu ihr, »muß ich immer an Seraphita denken. Du weißt schon, dieser Engel von Balzac...« Sie lächelte, und sie war, obwohl an die neunzig, wunderschön. »Mein Bruder hat mich auch Seraphita genannt.« Sie zeigte mir die Bilder des Toten. Er war Maler gewesen, und wahnsinnig. Fremde Vögel setzten sich auf Helenes Schultern, ich sah es selbst. »Auf dem Alban seinen Schultern sind auch immer Vögel gesessen«, erzählte sie. »Und, wenn er komponiert hat, auf dem Klavier.« Einmal bin ich ihm begegnet. »Ich hab eine Schokolad-Torte gebacken«, sagte sie. Das tat sie jedes Mal, wenn Gottfried und ich sie besuchten. »Gehst in die Küche und holst sie?« Ich ging in die Küche, und auf einmal trat ich mitten hinein in die Seligkeit, ich kann es nicht anders beschreiben. Noch ein Schritt, und ich war wieder draußen. Benommen nahm ich die Torte, und da, wieder auf derselben Stelle... Aufgeregt kehrte ich ins Wohnzimmer zurück. »Aber ja«, sagte Helene. »Das ist der Alban gewesen. Er ist noch immer bei mir.«

Nein, gewundert hat mich die Musik nicht, die den sterbenden Hofrat empfing, und die Gottfried gehört hat. Auch in einer Küche. Und da Küchen Stätten des Feuers sind, war das gar nicht so unpassend.

Theorie der Wirklichkeit

Es gibt, sagt Sir Karl Popper, keine Theorie über die Wirklichkeit, die absolut und jederzeit gültig wäre. Und da kann man ihm kaum widersprechen! Denn die Wirklichkeit selbst verändert sich ja mit dem Raum und der Zeit, in denen sie erscheint, und vollständig erscheint sie überhaupt nie. Oder vielmehr, sie erscheint schon, aber wir nehmen sie nur zum geringsten Teil wahr, und jeder ein bißchen anders. Ob es aber in Wirklichkeit eine Wirklichkeit gibt, ist die Frage!

Am wahrscheinlichsten noch ist sie die Übersetzung eines uns unbegreiflichen Seins in so viele Sprachen, als es Individuen gibt. Wobei die Sprachen, wie die Individuen, einander ähnlich sein können oder auch nicht. Es gibt also keine verbindliche Wirklichkeit, obwohl sie uns alle verbindet. Und manchmal auch trennt.

Ist Wirklichkeit weniger wirklich, wenn sie in uns, statt außerhalb von uns, erscheint? Nun, die Grenze zwischen Innen und Außen wurde noch von jeder Kultur anders gezogen, und von manchen überhaupt nicht. Sie ist willkürlich oder unwillkürlich, je nachdem, wie man eine Kultur definiert.

Wenn Sie mich fragen, ob ich wirklich geflogen bin, antworte ich lauteren Gewissens mit *Ja*. Geflogen schon, daran gibt es gar keinen Zweifel. Nur *wer* dieses Ich ist, das einerseits mit Dämonen verkehrt und andererseits seine Steuererklärung unterschreibt... Keine Ahnung! Ein Spektrum vermutlich, das sich selbst nicht ganz wahrnehmen kann. Und da bin ich keine Ausnahme, so ergeht es uns allen. Wir kennen weder uns selbst, noch einander.

Ob wir der Erde nicht ähnlicher sind als wir glauben? Geformt nach ihrem Bild. Ihr Kern ist aus Nickel und Eisen, mit einem Feuermantel darüber. Und über dem Feuer Wasser, Erde und Luft. Der Mensch ist, sagen wir, irdisch. Sollten wir nicht auch unsere feurigen, flüssigen und luftigen Zustände haben?

Vielleicht sind wir, wenn wir träumen, in unserem flüssigen Zustand. Wie fließen, wie auch die Träume es tun, und verwandeln uns in jede Gestalt. Sind Träume wirklich? Ebenso gut könnten wir fragen, ob Wasser wirklich ist. Nur gelten dort andere Gesetze als auf der Erde, und wieder andere gelten im Feuer oder der Luft. Wenn ich mich erhebe und fliege, bin ich Wind. Bin Sturm. Manchmal sogar, alles durchdringend, dünner als Luft. Obwohl wir, wie unser Stern, in keinem Zustand fest gegen alle anderen abgegrenzt sind, wissen wir beinahe immer, in welchem wir uns gerade befinden. Feuer ist der Tod. Feuer ist die Auferstehung. Feuer verwandelt uns in Asche und Licht.

Ein Wolf stirbt

Ich weiß nicht, seit wann ich Jörg Mauthe kenne. Eigentlich, so kommt es mir heute vor, kannte ich ihn schon immer. Ein Wolf ohne Rudel. Ein Saturnier mit Humor. Doktor der Byzantinistik, Journalist, Redakteur, Programmplaner des Fernsehens. Zur allgemeinen Überraschung, und vielleicht sogar zu seiner eigenen, ging der Liberale mit dem Lieblingsdichter Jorge Luis Borges zuletzt in die Politik. Amtierte als schwarzer Stadtrat mit grünen Punkten sieben Jahre lang auf Stiege sieben im Wiener Rathaus, und beinahe alles, was in dieser Zeit an Gutem passierte, hat er gemacht. Aber nur zu den unpopulären Sachen bekannte er sich.

Ein mittelgroßer Mann mit meerblauen Augen, und die Falten auf seiner Stirn schreiben alle ein V wie Vulkan. Mit fünfzig Jahren veröffentlichte er seinen ersten Roman, »Die große Hitze oder die Errettung Österreichs durch den Legationsrat

Dr. Tuzzi«, und mit fünfundfünfzig »Die Vielgeliebte«, den zweiten. Wenn sein dritter Roman am Anfang des Mondjahres 1986 erscheint, ist er schon tot.

Ich weiß nicht, ob ich im dritten Buch »Demnächst« an dem er noch schreibt, vorkommen werde. Das zweite ist eine Mythologie Wiens, wo sich die Götter herumtreiben. Beim Begräbnis der Vielgeliebten, die niemand anderer ist als die Erde in Person, erzählt Hermes ihre Geschichte. Ich bin auch eine Göttin, nämlich die Charis Aglaia, und zwar leider doppelt. Als junges Mädchen und alte Tante, ein symmetrisches Bild im Zerrspiegel der Zeit.

In der »Großen Hitze« wird eben dieser wegen der Legationsrat Tuzzi beauftragt, Kontakt mit den Zwergen aufzunehmen, welche die letzte Hoffnung des Landwirtschaftsministers sind. Auf der Suche nach den Zwergen und ihren unterirdischen Quellen fragt der österreichische Beamte sich durch alle drei Moiren durch. Und Elisabeth von Atropijan alias Atropos, die Unabwendbare, bin ich.

Atropos, die den Lebensfaden durchschneidet. So hat es eine gewisse Logik, daß ich am Beginn seines Todes wieder in Jörg Mauthes Leben getreten bin. Denn ein wenig hatten wir uns schon aus den Augen verloren. Da erfuhr ich, wie es um ihn steht. »Ich kann doch«, fragte ich den befreundeten Arzt, »mit ihm ganz offen sprechen?« »Auf gar keinen Fall«, sagte dieser und meinte es gut. »Das wäre ein glattes Verbrechen!« Ich habe Jörg dann trotzdem geschrieben und bekam von ihm einen Brief, der so schön und wesentlich ist, daß ich ihn mit Ihnen allen teilen möchte. Sterben für Fortgeschrittene...

8. Oktober 85

Liebe Lotte,

Euer Arzt ist ein Trottel. Warum soll man mit mir nicht reden? Für mich stellt sich da kein Problem. Ich wußte, kaum sah ich die Gesichter meiner Ärzte, auf der Stelle Bescheid. Soll ich jetzt rumgehen und so tun, als wäre ich auf dem Weg der Genesung, was mir eh keiner glauben tät? Also red ich gleich, und wart gar nicht erst ab, daß es einer dem anderen hinter meinem Rücken erzählt.

Ob Du's glaubst oder nicht – aber ich denk', Du wirst es schon glauben – der Tod ist für mich überhaupt kein Problem. (Problematisch sind nur die anderen: die mich lieben, die von mir in dieser oder jener Weise ab- oder an mir hängen). Also bin ich auch nicht traurig.

Im Gegenteil: Ich hatte von dem Augenblick, in dem ich's wußte, an, ein ungemein euphorisches Gefühl, endlich in Sicherheit zu sein – was insofern etwas komisch ist, als ich an Verfolgungsangst oder dergleichen nie gelitten habe. Halt so in dem Sinn: mir kann nix mehr passieren, weil passieren tu ich jetzt selber.

Und im Ernst halt ich's, anders als Du wohl, mit den gescheiten Alten. »Das Leben weiß nichts vom Tod, der Tod weiß nichts vom Leben. Müßig, davon zu reden.« Genau das ist es, was ich fühl.

Unterdessen sind drei Monate vergangen und dieses Gefühl ist geblieben. Und wenn's nicht kokett klänge, würde ich sagen, daß dies die längste Zeit meines Lebens war, in der ich mich glücklich fühlte. Ich nehm's wenigstens an, denn aufs Glücklichsein bin ich ja leider nicht konditioniert worden. Jedenfalls: keine Spur von Traurigkeit, keine von Angst. Und ich hoffe, das bleibt so in den nächsten drei Monaten, mit denen ich, sagen die Ärzte, ziemlich sicher rechnen kann. Genug, um noch ein Büchl fertigzubringen, Ordnung zu hinterlassen und sogar noch politisch das eine oder andere in Bewegung zu bringen (weißt Du, selbst meine dümmsten Gegner trauen sich nicht recht, mir zu widersprechen; ein Sterbender ist halt tabu – und ich nütze das schamlos aus).

Gläubig bin ich nicht. Aber auch nicht ungläubig, eben weil's »müßig« ist, davon zu reden. Aber ich tät, natürlich, schon lachen, wenn's irgendwas danach gäbe. Man wird ja sehen. Oder auch nicht.

Zu meinem Glücklichsein (das nur von gelegentlich physischer Schwäche getrübt wird – dem Gift, das sie mir eintröpfeln, um das Vieh in mir zu dressieren) trägt natürlich unglaublich viel bei, daß mir ein Schwall von Liebe, Zuneigung, Sympathie entgegengebracht wird, wie ich es nie für möglich gehalten hätte, weil ich ja von mir selber so besonders viel nie gehalten habe – das ist ein Überfluß, ein Surplus des Lebens, ich steh da und glaube manchmal direkt zu träumen. Und Dein Brief ist auch so ein Juwel in meinem Schatz – ich küß Dich dafür.

No logisch: wenn Du in Wien bist, ruf sofort an. Es kann sein, daß Du mich gerade an einem Tiefpunkt erwischst, an dem ich froh bin, wenn ich mich rühren kann, aber am Tag darauf geht's gewöhnlich schon wieder.

Laß Dir's gut sein, liebe Fürstin der Zwischenreiche und der fünften Weltrichtung. Das Leben ist schön und das Sterben kann's offenbar auch sein.

Immer Euch, liebe Fürstin, auf herzliche Weise untertan.

Dein Jörg

Natürlich hab ich ihn schon ein paar Tage später angerufen und besucht. In seinem Büro, und ich kam viel zu früh. Als ich Stimmen hörte, blieb ich, um nicht zu stören, neben der Tür stehen. Als unfreiwillige, doch zutiefst dankbare Zeugin hörte ich, wie er die Politik für die nächsten zehn Jahre besprach. Zehn Jahre! Und nicht hundert Tage mehr hatte er selber zu leben. Trotzdem gestaltete er noch mit Sorge, Liebe und Klugheit die Zukunft der anderen. Ich fühlte mich als miserable Mystikerin, egoistisch und asozial.

Dann tranken wir Kaffee. Er sah anders aus, gewiß. Erbarmungslos hatte die Krebstherapie in seinen erdbraunen Haarbüscheln gewütet, und sein Gesicht war gelb. Aber er war in ein heiteres Gleichgewicht zwischen Himmel und Erde geraten, Göttern und Politik, Leben und Tod. »Wo«, fragte ich, »läßt Du Dich begraben?« Wie befreiend, so etwas fragen zu können! Er erzählte mir von einem achteckigen Turm auf seiner Waldviertler Mollenburg, die er als Ruine erworben und mit seiner Familie wieder aufgebaut hatte. Sieben Stufen führten zu diesem Turm, und dort also ließe er seine Asche zurück.

»Ein Hundefriedhof!« Das war viele Jahre zuvor. Wir saßen

in meinem Biedermeierzimmer. »Ich hab einen Hundefriedhof entdeckt. Mit Ruine...« Gott sei Dank, er war immer verrückt. Der verrückteste Realist, den ich kenne.

»Was«, fragte ich, »bist du für ein Tier?« Wir schauten uns an. »Ein Wolf?« »Erraten.« »Und ich?« »Ein Käuzchen«, sagte Jörg. »Irgendeine Eule...« Natürlich, der Totenvogel.

Das nächste Mal aßen wir im Rathauskeller, der mich an die unterirdischen Totenmähler meiner Träume erinnerte. Auf seinem Kopf war wieder dunkler Flaum gewachsen, wie bei einem Kind. Doch in seinen Händen und Füßen schwand das Gefühl. Trotzdem lachten wir viel. Ich mußte ihm versprechen, mit Gottfried auf sein Begräbnis zu kommen. Das letzte Fest, oder das erste. Ein Kompaß, dachte ich. Er ist ein Kompaß, nach dem man sich richten kann, wenn man stirbt.

Ich schickte ihm meinen Allerseelentraum vom Wirtshaus zur Sonne, vom Wirtshaus zum Mond, und beide gehören ihm. Was, frage ich, bedeutet die wie ein Motiv durch den Traum gehende Zahl zwei?

Er antwortet, er wäre in der gleichen Nacht in der Traumstadt Perle eingekehrt, bei einer alten Vettel von Wirtin mit drei sterbenden Gästen. »Tut mir leid, liebe Groß-Anarchin aus dem Dunkel-Wald«, fährt er fort, »aber wie sich's mit der Zahl Zwei verhält, weiß ich nicht, außer daß ich sie immer mit Scheu betrachtet habe: sie ist keine gute Zahl. Wahr ist hingegen, daß die Sonne bis zu meinem fünfzigsten Jahr irgendeine Bedeutung für mich gehabt haben muß, ich bin einer von diesen notorischen Sitzungskritzlern, die, während sie versuchen, aus dem Gespräch der anderen eine Melodie oder ein Leitmotiv herauszuhören, jedes Stück Papier mit Stricheleien und Zeichnereien bedecken – aber was immer ich zeichnete, waren damals Sonnen oder ihr zugehörige Formen: Kronen, Flammen, Raubvogelköpfe und desgleichen mehr. Nachdem ich die »Große Hitze« geschrieben hatte, war's damit ganz vorbei, und ich wurde einer, der, wie eine merkwürdige Wiener Redewendung das umschreibt, »mit'n Mond geht«: in meinem Tagebuch entdeckte ich, daß meine manischen und melancholischen Tage mit dem ab- und zunehmenden Mond zusammenstimmten und während des Vollmondes häufig Verwirrung in mein Leben trat; in den Kritzeleien tauchten lunare Zeichen auf, Labyrinthisches aller Art, meine Träume füllten sich mit Spiegelbildern, und ich erfuhr auch, daß »Mond« einer meiner geheimen Namen war. Und künftig wird der Vollmond auf der Burg sehr genau hinter dem Turm mit den sieben Stufen aufgehen. Sieben ist die ihm zugehörige Zahl.«

Ich machte mir Sorgen um ihn. Die alte Vettel war ja die Tödin, und ihre stummen Gäste er selbst. »Schrei jetzt«, schrieb ich ihm. »Wart nicht bis zuletzt!«

Am 18. Dezember antwortete er:

»Liebe, liebe Lotte,

herzlichen Dank für Deinen Brief – daß die drei Männer ich bin, weiß ich natürlich auch. Aber ich hab keine Lust, kein Bedürfnis, »zu schreien«, »aufzuschreien«, »zu stürmen« oder sonst was dergleichen. Ich gebe zu, daß ich das Häßliche hasse, daß der Schmutz etwas Widerwärtiges, daß der Schmerz etwas Niederträchtiges ist. Aber zu schreien ist auch häßlich und widerwärtig. Ein bisserl fluchen, von mir aus, aber das kann man auch leise tun. Laß mich bitte »stoisch« sein; es fällt mir nicht schwer, und ich muß mich nicht dazu zwingen; ich fühle mich nicht in mir eingespannt, und wenn mir nicht von den ewigen Infusionen zeitweise übel und wenn ich nicht immer müder würde, hätte ich ein Gefühl des Schwebens, das sehr angenehm ist. Ja, ich werd's probieren und mich bemerkbar machen, wenn's geht...«

Darum hatte ich ihn gebeten. Mit mir diese geheimnisvolle Brücke zu bauen, von der ich glaube, daß es sie einst gab, und irgendwann stürzte sie ein. Eine Brücke zwischen Leben und Tod, die unsere beiden natürlichen Zustände wieder verbindet, aus den getrennten Hälften ein Ganzes macht. Eine Brücke aus Licht, und wenn sie gelingt, könnten vielleicht alle über sie gehen. Wäre das Ende unserer tragischen Einseitigkeit nicht auch das Ende von Angst, Haß und Gier?

Auch ein Politikum also. Und wie metaphysisch Politik ist, fangen wir gerade wieder an, zu entdecken! Darum bitte ich meinen Herrn Stadtrat des dies- und des jenseitigen Wien um den verlorenen Schlüssel zur Anderswelt. Lebendig will ich ins Totenreich gehen, daß wieder vollzogen wird die Hochzeit von Sonne und Mond.

Lotte Ingrisch

Die Kapelle der Gefahren

219 Seiten, kart. ISBN 3-7626-0644-7

Angst und Trauer haben die Menschen bisher von den Toten getrennt. Aber Trauer und Angst müssen aufgelöst werden, denn Lebende und Tote sind keine Bedrohung füreinander; sie sind Nachbarn im Spektrum des Seins. Das ist die fröhliche Botschaft dieses Buches, das von der Begegnung mit Toten und anderen Wirklichkeiten erzählt. Lotte Ingrisch, die »Reporterin der Anderwelt«, hat in ihrem esotera-Taschenbuch *Nächtebuch* von der Welt hinter dem Spiegel, vom Reich des Traumes und des Todes berichtet. *Die Kapelle der Gefahren* ist die Fortsetzung dieses Tagebuchs der Nächte. Die Autorin sieht sich als Chronistin der Zukunft, einer Zukunft, »in der die Welten, Zustände unseres Bewußtseins, nicht mehr schmerzlich voneinander getrennt sein werden wie heute«.

esotera-Taschenbücherei
im Verlag Hermann Bauer · Freiburg im Breisgau